JN098023

目 次
CONTENTS

はじめに
これが「裏ワザ流英語術」だ！

◆ 恐怖！　動詞発想のワナ

　よく英語学習の本を読んでいると、「英語の発想法を学ぼう！」とか、「英語で考える習慣を身につけよう！」などと書いてあることがあります。しかし、そういう本に限って、「じゃあ、『英語で発想する』とか、『英語で考える』ってどういうこと？」という基本的な問いに答えてくれていないことが多い……。

　しかし、本書は違います。いきなりその問いに答えちゃいます！

　が、その前に、「じゃ、逆に日本語の発想法って何？」ということを考えてみましょう。

　日本語というのは、結局、動詞発想の言語です。つまり、我々日本人は、「動詞が一番重要だ！」と思っているんですね。そんなこと普段意識していないかも知れませんが、実のところ多くの日本人がそう思っています。

　実際に試してみましょう。次の日本語の文を、英語に訳してみて下さい。

> ① 彼は相当な額のお金を趣味に注ぎ込んでいる。
> ② メアリーはジェームズから目を逸らすことができなかった。
> ③ 彼らはトムに真相を白状させた。

　……どうです？　訳せましたか？　もっとも今の時点では、訳せたか訳せなかったかは、あまり重要ではありません。それよりも、上の日本語の文を英語に訳そうとした時の、あなたの発想法に注目してみましょう。

　私はかなりの自信を持って言うのですが、上の日本語の文を英訳しようとした時、あなたは「『注ぎ込む』って英語で何て言うのだろう？」、「『逸らす』なんて動詞、習ってないよ！」「『白状させる』なんて言い方、知らなーい！」と思いませんでしたか？　あるいは、和英辞書を使って「注ぎ込む」「逸らす」「白状させる」という言葉をまず引いてみたでしょう？

　と言うことは……ほら！　やっぱり一番最初に「動詞」の選択のことを考え

ているではないですか！　そしてその動詞が思いつかなかったり、使い方がよく分からなかったりすると、すぐに「こんな難しい表現を英語で言うなんて、自分には無理！」と決めつけたのではありませんか？

　実は、この一連のプロセスこそが動詞発想のワナなんです。

　日本人の多くは、英語を話そう、書こうとする際、何はともあれ、まず「日本語の動詞」を「英語の動詞」に訳そうとします。逆に言うと、日本語の動詞に相当する英語の動詞を思いつかなかった場合、その段階ですぐに「あきらめモード」に入ってしまいます。

　しかし、このやり方では、日本語の動詞と同じ数の英語の動詞を暗記していないと、すぐに行き詰まってしまうことになるのではありませんか？　そして日本人がいくら英語を勉強しても、結局、実用に足るところまで行かないのは、この日本人特有の動詞発想のせいなのではないでしょうか？

✦ 裏ワザ流英語術の３つの極意

　しかし、「日本語の動詞」を「英語の動詞」に訳さないで、一体どうやって日本語の文を英語に訳すの……？

　そう思ったあなた！　あなたのために、裏ワザ流の英文をお目にかけましょう。先ほどの日本語の文を裏ワザ流英語術を使って英訳すると、こんな風になるんです。

---

① 彼は相当な額のお金を趣味に注ぎ込んでいる。

　→ He puts a lot of money into his hobby.

② メアリーはジェームズから目を逸らすことができなかった。

　→ Mary couldn't take her eyes off James.

③ 彼らはトムに真相を白状させた。

　→ They got the truth out of Tom.

　ね！　よく見知った英単語を使いながら、見事に日本語の文の意味内容を英語に訳しているでしょう？　これこそまさに裏ワザ流の英語発話法です。

　ではなぜ裏ワザを使うと、これほど簡単に、それでいて高度な内容の英文が作れるのか。それは「裏ワザ流英語術」が、いわゆる「英語の発想法」なるも

のを 3 つのコンセプトで捉え、このコンセプトを元に英語を組み立てようとする**からに他なりません**。ではその 3 つのコンセプトとは何か？

　裏ワザ流で言う英語のコンセプトとは、次の 3 つです。

- ✦ **1　英語は名詞発想の言語だ！**
- ✦ **2　英語は空間（移動）表現の言語だ！**
- ✦ **3　英語は抽象名詞を具象名詞と同等に扱う言語だ！**

　……と言っても、これだけではよく分かりませんね！　では、もう少し具体的に説明しましょう。先の例文をもう一度見直して下さい。

---

① 彼は相当な額のお金を趣味に注ぎ込んでいる。
② メアリーはジェームズから目を逸らすことができなかった。
③ 彼らはトムに真相を白状させた。

　先ほど皆さんがこれらの日本語の文を英語に訳そうとした時、それぞれ「注ぎ込む」「逸らす」「白状させる」という日本語の動詞をそのまま英訳しようとして失敗したはずです。

　しかし、**裏ワザ流**は「英語は名詞発想の言語だ！」と考えていますから、まずは **「この文で一番重要な名詞は何か」ということに着目**します。つまり、上の例ですとそれぞれ「相当な額のお金」「目（＝視線）」「真相」ですね。その上でこれらを簡単な英語の名詞（「a lot of money」「eyes」「truth」）に訳そうという方針を立てます。これが第一歩。

　そして次にこれらの「英語の名詞」を、**誰でも知っている簡単な動詞を使って「動かす」ことを考えます**。そうです、「動かす」のです。なぜなら**裏ワザ流**では、「英語は空間（移動）表現の言語だ!」と考えているからです。そして、例えば①の場合であれば、「手元にあるお金を、『趣味』という空間に移動させよう」と発想します。そのように発想することによって、He puts a lot of money into his hobby. という英文を作ることができたのです。ついでに②や③の英文も見て下さい。それぞれ「メアリーは目（＝視線）をジェームズから他の場所へ移動させることができない」「彼らは真相をトムの中から移動させて外へ出した」という風になっているでしょう？　英語表現とは結局、何らかのモノ (＝名詞) が「空

間」を「移動」する表現だ、というのは、そういう意味なのです。

　そして上に述べてきた2つのこと、すなわち「まずキーワードとなる英語の名詞を決定する」、および「空間 (移動) を伴う表現を用いる」ということの他に、英語にはもう1つ重要なコンセプトがあります。すなわち「抽象名詞を具象名詞と同等に扱う」ということです。

　例えば③の例文を見て下さい。この例文で使われている「真相 (truth)」というのは、目に見えるものでも、手で触れられるものでもありません。つまり「抽象名詞」です。しかし、They got the truth out of Tom. と言う時、我々は「トムの腹に手を突っ込んで、『真相の塊』をワシ掴みにし、引っこ抜いた」というようなイメージを持つでしょう。**要するに「真相」という抽象名詞を、あたかも手で触ることのできる具象名詞であるかのように扱っている**わけです。「抽象名詞を具象名詞と同等に扱う」というのは、そういうことです。

✦ 英語の裏ワザ 12 のステップ

　以上のことをまとめると、「抽象名詞であろうと具象名詞であろうと、まずはその文で一番重要な名詞に着目し、その名詞が空間を移動していくような (あるいはそれを特定の場所に置くような) 英文に仕立てる」というのが、冒頭で述べた裏ワザ流英語発想法だ、と言えそうです。

　しかし、そうは言っても、「どうすれば名詞が空間移動するような英文を作れるの？」という疑問は生じるでしょう。

　でもご安心下さい。**それをマスターするためにこそ、本書はあるのです。**

　本書『裏ワザ流英語術』は、先ほど述べた3つのコンセプトに加え、**英文の組み立てに欠かせない「ツール」として12個の基本動詞**を選び、それぞれの基本動詞を土台にして、この3つのコンセプトを具体的な英文として実現させるためのノウハウを伝授します。しかもそのノウハウ自体も非常にシンプルな公式の形で伝授しますので、「頭では理解できたけれど、いざとなると英語が口から出て来ない……」というようなことには決してなりません。

　とにかく、「英語が話せるようになりたい！」という長年の願望を実現できずにいたあなた！　ぜひ、**裏ワザ流**の門を叩き、**12 ステップ**の最後のページまでついてきて下さい。この 12 ステップの練習をすべて終了した時、必ず「英語という難しそうなシロモノの尻尾を、ついに捕まえたぞ！」という感覚が得られるはずです。

第1講
make を名詞と組み合わせよ！

「はじめに」の中で挙げた3つの英文をもう一度振り返ってみましょう。

---

① He puts a lot of money into his hobby.
② Mary couldn't take her eyes off James.
③ They got the truth out of Tom.

これらの英文に共通するのは、「**put + money**」「**take + eyes**」「**get + truth**」というように、述部がすべて**動詞＋名詞**の組み合わせになっていることです。

繰り返しになりますが、英語という言語で一番重要なのは**名詞**です。しかし名詞だけでは文を作ることができませんから、何らかの動詞を組み合わせなければなりません。が、その際に使う動詞の選択に悩んでしまったら、結局例の「動詞発想のワナ」に捕まることになり、日本人英語からの脱却が果たせなくなってしまいます。

そこで**裏ワザ流英語術**では主として使用する動詞の数を 12 個に限定します。その 12 個とは、

make	have	get	give	put	take
keep	let	do	go	come	be

です。難しい動詞は一つもありませんね！　**裏ワザ流**では、以後これらの動詞のことを**基本 12 動詞**と呼ぶことにします。

ですから、**裏ワザ流**では、まず自分が英語で言いたいことに関わる一番重要な名詞は何かということを考え、その名詞と基本 12 動詞を組み合わせて、**動詞＋名詞**の形で英文を作ります。これが**裏ワザ流**の基本中の基本。

　そこで本講では、基本動詞の中の make という動詞を使って、make ＋名詞という形でどんなことが言えるか、試してみましょう。

　ところで、その前に make という動詞の意味について説明しておきます。
　make というと、日本人の大半は「作る」という意味だと思っています。しかしその考えはとりあえず捨ててください。裏ワザ流では make という動詞の意味を、以下のように定義します。

✦ (1) 存在していないものを、存在させること
✦ (2) 既に存在しているものの状態を変えること

　この 2 つの概念を make のコア・センス（根本義）と言いますが、要するに make のコア・センスは「モノを存在させたり、存在の状態を変える」ということですから、非常に能動的で積極的、主語となるものの強い意志を伝える動詞であることが分かります。
　ではまず「英作文問題」風な出題をしてみましょう。make ＋名詞の形を作りながら、次の日本文を英訳して下さい。

---

1. この列車は名古屋で 5 分間停車する。
2. 彼は物理学の分野で新たな発見をした。
3. テストでいくつか間違ってしまった。
4. その出来事は、私に相当な衝撃を与えた。
5. 彼は急に右へと曲がった。

　それでは、はじめに「考え方」から示していきます。
　まず 1 番目。「5 分間停車する」という場合、キーワードとなる重要な名詞は何でしょうか？　そう、「停車」ですね。要するに「止まること」ですから stop という名詞を使い、make ＋ stop で表現してみましょう。「5 分間の停車」ですから make a five-minute stop となります。「電車が動いている状態を変える」わけですから、「存在しているものの状態を変える」動詞である make と組み合わせるのがピッタリなんです。

では2番目。「発見する」というのは、make ＋ discovery（＝発見）で表現します。「新たな発見」ですから、new という言葉をくっつけてもいいでしょう。この場合の make は、2つのコア・センスのうち、「存在していないものを存在させる」方の意味です。

　3番目。「間違えた」という文ですが、これを英語に直す場合、重要なのは「間違える」という動詞ではなく、「間違い」という名詞です。「間違い」という名詞なら、error や mistake などが思い浮かびますが、make an error と make a mistake、どちらも使えそうです。

　4番目。「衝撃を与える」というと何だか難しそうですが、裏ワザ英語は名詞中心の英語ですから、まずは「衝撃」という意味の名詞を思い浮かべてみましょう。そこで「インパクト（impact）」なんて言葉が思いつけばしめたもの。それを make と組み合わせればいいんです。

　ラスト。「曲がる」ですが、英語の動詞で言えば turn ですね。しかし、裏ワザ流はあくまで「名詞中心」の英語。turn をあえて名詞として使い、make と組み合わせましょう。それでは以下に解答例を示します。

---

1. This train will make a five-minute stop at Nagoya.
2. He made a new discovery in physics.
3. I made some mistakes in the test.
4. The incident made such an impact on me.
5. He made a sudden turn to the right.

　どうですか？　最初から**動詞＋名詞の形を作る**と意を決し、「この文で一番重要な名詞を英語に置き換えるとすると何が適当か？」と考え、その名詞を適当な基本12動詞と組み合わせていけば、案外簡単でしょ！

　では次。今度は順番を逆にして、以下の枠内に示す英語の名詞と make を組み合わせ、何でもいいですから、英語の例文を作ってみて下さい。

---

① plan　② friend　③ observation　④ protest　⑤ speech

　考え方はこうです。まず **plan** ですが、これは「計画」という意味の名詞ですから、make + plan なら「計画を立てる」という意味になりそうです。次の make + friend は「友達になる」という意味になりそうかな?　同じように make + observation は「観察する」、make + protest なら「抗議する」、make + speech なら「スピーチをする（演説をする）」という意味になりそうです。そんな風に見当をつけながら適当に英文を作ってみると……

① I'm making plans for the holidays.
休暇中に何をするか、計画を立てているところだ。

② He made friends at the party.
彼はパーティで何人もの友達を作った。

③ The entomologist made careful observations on the habits of the ants.
その昆虫学者はアリの習性を注意深く観察した。

④ The workers made an active protest against low wages.
労働者たちは低賃金に対して果敢に抗議した。

⑤ He made a witty speech at the reception.
彼は歓迎会で気の利いたスピーチをした。

　ほら、思っていたよりも簡単でしょ?　ここまで来ると、自分の知っている英単語と make を組み合わせて、何か英語が言えそうな気がしてきませんか?
　「予約」は「リザベーション」だから、make a reservation で「予約する」という意味になるんじゃないか?とか、「進歩」は「プログレス」だから、「進歩（向上）する」を英語で言えば make progress じゃないか?なんて思えてきたらこっちのもの。「これなら自分でも英語が言えるのではないか?」という感覚、それこそが「裏ワザ流」なんです!
　それでは、第1講のまとめとして、この本の巻末にある「練習問題」にトライしてみて下さい。

即効音声学 子音 (1)

Q	彼女の she と海の sea って発音がどう違うの？
A	she と sea は発音記号で書くとそれぞれ [ʃiː] と [siː] になります。この うち、[ʃiː] は日本語の「シ」で代用できますが、[siː] は日本語に近い音 がないので少し工夫が必要です。でも発音の仕方は簡単で、舌先を上 の歯の歯茎に付けて「スィ」と言えばいいんです。下の例で練習して みましょう。(1) が語頭の例、(2) が語中の例です。 (1) sick, sing, silk, seek, seat (2) assist, basic, gossip, deceive, receipt

英文法 Q&A　未来表現（1）

Q **中学時代、未来のことを表すためには will か be going to を用いると習いましたが、この 2 つの表現は同じなのでしょうか？**

A will と be going to は、どちらもこれから起こる出来事や行為を表しますが、その使い方には若干の違いがあります。下の 2 つの英文を比べてみましょう。

(1) I will play tennis after school.

(2) I'm going to play tennis after school.

どちらも日本語に訳すと「放課後、私はテニスをするつもりだ」となるので、あまり違いがないように見えます。しかし (1) の場合、「放課後、何をするの？」と尋ねられ、その場で考えて「そうだ、テニスをしよう」と思い立ったという含みがあるのに対し、(2) は、尋ねられる前からあらかじめテニスをしようと決めていたというニュアンスがあります。

　ちなみに、上に示した 2 つの例は、どちらも主語（＝私）がこれから何をするつもりなのか、その意志を示す未来表現なので、「意志未来」と呼ばれます。しかし未来表現には主語の意志とは関わりのない「単純未来」の用法もあり、その場合も will を使う場合と be going to を使う場合で若干ニュアンスの差が出ます。以下の例文をご覧ください。

(3) It will rain in the afternoon.

(4) It is going to rain in the afternoon.

　(3) は、「午後は雨になりますよ」という自信に満ちた予測を表します。ただし予測ははずれることもありますから、あまり自信がない時は、文頭や文中に I think や probably をつけてニュアンスを和らげておく方が無難です。

　一方、(4) は雨が降るという兆候（例えば、雨雲が近づいているなど）が見て取れるので、午後は雨になるだろうという、発話時の状況に基づいた判断を表します。一般に be going to を使った未来表現は「近未来」を表すと言われますが、これは「すでに兆候が見られるので、その兆候から予想される出来事が近いうちに起こるに違いない」という意味合いが言外に含まれているためです。

第2講
have＋名詞、ついでに「場所の特定」も！

　第1講では裏ワザ流の基本中の基本、「『動詞＋名詞』の形で英文を組み立てる」というルールを学び、**make** という動詞を使って練習をしました。そこで第2講では基本 12 動詞の中から have という動詞を選んで、「動詞＋名詞」のパターンをさらに練習してみましょう。

　ところで練習をする前に、忘れてならないのは have のコア・センス。裏ワザ流で使用する動詞は非常に少ないものの、各基本動詞のコア・センスについては常にきっちり把握しておく必要があります。
　では have のコア・センスは何かと言いますと……

- ✦ (1) 能動的所有（こういうものを持っているぞ、持ちたいぞ！という意志の表明）
- ✦ (2) 受動的所有（好むと好まざるとに関わらず、事実としてこういうものを持っている、ということ）

です。と言っても、概念だけで理解するのは難しいので、具体的な例文を出してみましょう。have＋**名詞**の組み合わせで、色々なものを所有してみると……

---

1. I have a question.
   質問があります。

2. I have a little knowledge of economics.
   少しだけ経済学の知識があります。

3. May I have your name, please?
   お名前を伺ってもよろしいですか？

「question を所有する＝質問がある」「knowledge を所有する＝知っている」

「name を所有してもいいか？＝名前を聞いてもいいか？」というような感じ
ですが、これらは **have** の持つコア・センスの（1）、すなわち「能動的所有」
の意味合いが出た例文でしょう。

　では次、（2）の「受動的所有」の例文を見ていきますと……

---

4. **I have a poor memory for names.**
　　人の名前が覚えられない。

5. **I had a fall from the horse.**
　　落馬してしまった。

6. **I have a slight pain in my stomach.**
　　ちょっと胃が痛い。

　「poor memory を所有する＝すぐ忘れる」「fall を所有する＝落ちる」「pain
を所有する＝痛い」ということですが、これらのものを所有することは、主語（の
人物）が能動的に望んだこととは言えないところがあります。ここが「受動的
所有」の所以ですね。

　ところで、上記 2、4、6 の例文を見ると **have＋名詞**というつながりの間に、
それぞれ「little」「poor」「slight」という形容詞が挟まっていることに気付きます。
これは非常に重要なポイントです。

　既に何度も述べたように、裏ワザ流では（と言うより、一般に英語という言
語では）名詞を多用するので、当然、名詞を修飾する形容詞も頻繁に出てきます。
つまり**「基本動詞＋名詞」のパターーンは、しばしば「基本動詞＋形容詞＋名詞」
という形になる**んですね。このことは、第 1 講で扱った例文、例えば、

・He made a <u>new</u> discovery in physics.
・He made a <u>sudden</u> turn to the right.
・He made a <u>witty</u> speech at the reception.

などにも当てはまります。基本動詞と名詞の間に必ず形容詞が必要である、と
いうわけではありませんが、形容詞を適宜挟むことによって、表現の幅が飛躍

的に広がることは確かです。

　さらに、上記の例文を音読するとよく分かると思いますが、**「動詞＋形容詞＋名詞」の形は、発音の面でも英語らしいリズムを生み出す**ことに貢献します。ゆえに、「基本動詞＋名詞」のパターンにケース・バイ・ケースで「形容詞」を加え、「基本動詞＋形容詞＋名詞」の形を作ることを心がけてみて下さい。

　ところで、先ほどの 6 の例文（I have a slight pain in my stomach.）をもう一度ご覧下さい。この例文では、まず最初に「痛みを持っている……（I have a pain...)」と言っておいてから、「胃に（in my stomach)」と場所を特定していますね。実はこの「場所の特定」というのも、裏ワザ流の重要なポイントなんです。

　普通「何かを持っている」という場合、それをどこに持っているか、ということは重要な情報です。ですから、have を使って英語を発話する場合も、「○○を持っている、××に」という風に、場所を特定するケースが非常に多い。例えば……

・I had a walk around the park.　散歩をした、公園の周りを。
・He had a serious look on his face.　彼は厳しい表情を浮かべた、顔に。
・The warning had no effect on him.　警告を与えても効き目がない、彼には。

　このように「主語＋基本動詞＋（形容詞）＋名詞」で主たる意味内容を伝えた後、何らかの必要に迫られて「場所の特定」が行われるというパターンは、have を用いた用例に限ったことではなく、一般に英語では非常にしばしば見られることで、例えば第 1 講で扱った **make** の例文を思い出してみても、

・This train will make a five-minute stop at Nagoya.
・He made a new discovery in physics.

……のように「場所の特定」が行われています。

　つまり、本書冒頭の「はじめに」でも述べたように、英語というのは**「空間（移動）表現」を重視する言語なので、「場所の特定」ということが非常に重要**なんです。このことは、今のうちからきっちり覚えておいて下さい。

　ということで、ここまで述べてきたことをまとめますと、have に限らず一

般に裏ワザ流では、

> 主語＋基本動詞＋（形容詞）＋名詞＋（場所の特定）

というパターンで英文を作ることが非常に多いということが言えます。

　それでは、以上のことを踏まえつつ、さらに have を使った練習を続けましょう。以下の枠内の名詞を have と組み合わせて、何でもいいですから英語の例文を作ってみて下さい。

---

① drink　② fight　③ idea　④ part　⑤ word

　いつものように考え方から示していきましょう。まず have ＋ drink というと、「（酒を）飲む」というような意味になりそうです。have ＋ fight だと「喧嘩をする」という意味になるかな？　have ＋ idea なら「思いつく」、have ＋ part なら「役割を担う」、have ＋ word なら「一言、会話する」というような意味になりそうですね。そう考えると、次のような例文が作れるのではないでしょうか。

---

① How about having a drink at that pub?
あそこのパブで酒でも飲もう。

② I had a fight with my brother.
私は兄と喧嘩をした。

③ She has no idea in her head.
彼女には思い当たるものがなかった。

④ He had no part in the incident.
彼はその事件には無関係だ。

⑤ Can I have a word with him?
彼と一言、話をしてもいいですか？

　どうですか、上記の解答例に近い例文が作れましたか？
　それでは、この調子で本書の巻末にある「練習問題」にトライしてみて下さい。

即効音声学　子音 （2）

Q	ポテトチップスの chip とウェイターに渡す tip って発音がどう違うの？
A	chip と tip は発音記号で書くとそれぞれ [tʃip] と [tip] になります。このうち [tʃi] は日本語の「チ」で代用できますが、[ti] は日本語に近い音がないので少し工夫が必要です。でも発音の仕方は簡単で、舌先を上の歯の歯茎に付けて「ティ」と言えばいいんです。下の例で練習してみましょう。 (1) ticket, till, tissue, teach, team (2) city, continue, satisfy, steel, thirteen

英文法 Q&A　未来表現（2）

 会話の中でよく進行形を使った未来表現を聞きますが、**be going to** を使った未来表現とどう違うのでしょうか？

 次の 2 つの文を比べてみましょう。

(1) I am going to leave for London next week.

(2) I am leaving for London next week.

第 1 講で説明したように、be going to を使った未来表現は、発話時において
すでにしようと決めていることを表しますので、(1) は（その場の思いつきで
はなく）来週ロンドンに行くことはすでに決定している、というニュアンスが
あります。

　これに対して (2) の進行形を使った未来表現では、例えば飛行機のチケット
を購入しているとか、ホテルを予約しているといったように、ロンドンに行く
ための準備が確実に進んでいるというニュアンスがあります。つまり**進行形を
使った未来表現の方が、be going to を使う表現よりもさらに確実な未来を
表す**わけです。個人的な予定を伝えたり記したりする時に進行形を使った未来
表現がよく使われるのは、その段階で何らかの手続きがなされていることが多
いからです。

　ただし、進行形を使った未来表現には「そのための手続きは既に終わってい
る」という含みがあるので、事前に手続きを済ませられるような行為、すなわ
ち**意図的にコントロールできるような行為にしか使えません**。そのため、人間
の意志でコントロールすることのできない自然現象や生理現象が近い将来に起
こることを、進行形を使った未来表現で表わすことはできません。例えば以下
に示す (3) や (4) のような文は、それぞれ「午後には（確実に）雪が降るだろう」
「（もうすぐ）くしゃみが出る」という意味の英文のように見えますが、実際に
は非文法的な文になってしまいます。

(3) × It's snowing in the afternoon.

(4) × I'm sneezing in a second.

（上の 2 つの文の冒頭にある「×」の印は、この文が文法的に成立していない「非
文」であることを示す。）

第3講
get で思い通りにモノを動かせ！

　さて、本講では get の使い方を学びます。いつものように、まずは get のコア・センスを覚えましょう。get のコア・センスは、

- ✦ **(1)（良いモノであれ、悪いモノであれ）自分のものにする**
- ✦ **(2) モノを自分の思い通りに動かす、望む状態にする**

の2つです。「get ＝得る」とだけ覚えている日本人には、2番目の使い方は到底できません。この際、今まで覚えていた get の意味は忘れ、あらためてこの2つのコア・センスをしっかり脳裏に刻み込んで下さい。
　それでは、まずは (1) の使い方から練習してみます。get についても基本的な裏ワザ流のパターンは当てはまりますから、

主語 ＋ get ＋ （形容詞）＋名詞＋ （場所の特定）

の形を作ることには変わりありません。以下の例文を見て下さい。

---

1. She got good grades at school.
　彼女は学校でいい成績をとった。

2. He got a leading role in the play.
　彼は劇で主役の座を得た。

3. He got two years in jail.
　彼は懲役2年の刑を受けた。

---

　1 と **2** は「良いモノを自分のものにした」場合、**3** は逆に「悪いモノを自分のものにした」場合の例ですね。このように、get のコア・センスのうち、（1）の使い方は「get ＝得る」という日本人的なとらえ方に近いですから、それほ

ど難しくはないでしょう。

　一方、コア・センス (2) の用法、すなわち「モノを自分の思い通りに動かす」用法となると、これを自由自在に使いこなせる日本人は、そう多くありません。

　でも実は簡単なことなんです。要するに例の**主語** + **get** + **（形容詞）** + **名詞** + **（場所の特定）**のパターンを作れば、特定した場所の方向にモノを動かすことができるというだけの話。実際に例文で確認してみましょう。

4.　She got the child to bed.

5.　I can't get this stain out of my shirt.

6.　Can you get her on the phone?

---

　4 では「子供」を「to bed」（ベッドの方向）へ動かす、つまり「子供を寝かしつける」という意味になりますし、**5** では「stain（染み）」を「out of my shirt」の方向へ動かす、つまり「シャツについた染みを取り除く（取り除けない）」という意味になる。**6** は「彼女」を「on the phone」の方向へ動かす、つまり「彼女を電話口に出してくれませんか」という意味になるわけですね。

　このように、**get** を使えば大抵のモノは自分の思い通りに動かすことができます。また、

---

7. **John will get them out of <u>trouble</u>.**
　ジョンが彼らを助けてくれるだろう。

8. **That will get you <u>nowhere</u>.**
　そんなことをしたってらちがあかない。

のように、移動させる場所を抽象名詞（trouble / nowhere）にすると、さらに表現の幅が広がります。思い出して下さい、「裏ワザ流英語術」では抽象名詞と具象名詞を同じように扱うのでしたね（⇒ p. 4）。ですから、**5**「... out of my shirt」と言えるのであれば、当然 **7**「... out of trouble」と言うこともできるのです。

それではここで「get を使ってモノを動かす」練習をしておきましょう。次に示す枠内のモノを、get を使って自分の思い通りに動かしてみて下さい。

---

① bottle of wine / sideboard ② car / garage
③ hands / my things ④ lid / bottle
⑤ people / car

---

①ではワインのボトルを棚から取り出してみましょう。②では車をガレージから出し、③では「私の私物に手を触れるな（＝手をどかせ）」としてみますか。④では、「(ボトルの) フタを開ける（開けられない)」というような文を作ってみましょう。⑤では人を動かして車に乗せてみてはどうでしょうか。以下、解答例を示してみます。

---

① I got a bottle of my best wine out of the sideboard.
② I got the car out of the garage.
③ Get your hands off my things.
④ I can't get the lid off the bottle.
⑤ I can get six people in my car.

このように、**主語＋ get ＋モノ＋場所の特定（＝動かしたい方向）**の順序で言えば、モノは思い通りに動かすことができるのです。簡単ですね！

ちなみに、「モノを自分の思い通りに動かす」という用法をもう一ひねりすると、「モノを自分の望む状態にする」ことができます。それには、**主語＋ get ＋モノ＋望む状態**とすればいいのです。この場合、「望む状態」の表現は、いつものように「場所の特定」の形を使って表現することもできますが、その他に「形容詞」や「分詞」、さらに「場所や方向を表わす副詞」を使うこともあります。では実際に例文を見ていきましょう。

---

9. He got the situation under control. 彼は状況を掌握した。
10. Let's get this straight right now. 今すぐ白黒ハッキリさせようじゃないか。

> 11. Let's get the work done quickly.　その仕事、さっさと終わらせてしまおう。
> 12. I got the tank filled at the gas station.　ガソリンスタンドで満タンにした。
> 13. You'll get your money back.　お金は取り戻せるよ。

　いずれにせよ、**主語＋ get ＋モノ＋望む場所／望む状態**という語順にするだけで、モノを思い通りに動かしたり、状態を変えたりすることができるのですから、get というのは相当にパワフルな動詞と言っていいでしょう。

　ところで、get を使って動かしたり、望む状態にする対象は、必ずしも「モノ」であるとは限りません。自分自身を動かすこともできるんです。

　例えば「彼らは川を渡った」を英語で言うとしたらどうでしょう。この場合、動かしたいモノに相当するのは「彼ら自身」ですよね。ですから、

They got themselves across the river.

ということになるでしょうか。しかし、こういう場合、再帰代名詞である「themselves」は省略することが多いので、They got across the river. とするのが普通です。同じく、「出て行け！」という意味で、Get out of here! という言い方がよく使われますが、これは要するに You get yourself out of here. の省略形なんですね。この他、「get up（起きる）」「get to（到着する）」といったような get を使った熟語の背後に、裏ワザ流の基本パターンである**主語＋基本動詞＋モノ＋場所の特定（状態の特定）**が隠れていることも、この際、しっかり認識しておきましょう。

・私はいつも朝6時に起きる。
　I usually <u>get</u> <u>myself</u> <u>up</u> at six o'clock.
　→ I usually <u>get up</u> at six o'clock.
・午後5時にビーチに着いた。
　We <u>got</u> <u>ourselves</u> <u>to</u> the beach at five in the afternoon.
　→ We <u>got to</u> the beach at five in the afternoon.

それでは、本講で学んだことを確認すべく、巻末の練習問題にトライして下さい。

即効音声学　子音（3）

Q	英語の [l] ってどうやって発音するの？
A	[l] の発音は意外に簡単です。舌先を上の歯の歯茎にしっかり付けて声を出せばいいんです。何回か発音してみましょう。音の感覚がつかめてきたら、今度は下の例で練習してみましょう。 （1）life, lip, long, plan, color （2）milk, gold, salt, feel, oil ただし、（2）のグループの単語のように、[l] が子音の前や語末に現れる時は舌の後ろが上に少し盛り上がるので、「ウ」に似た音色を持つことがあります。そのため、例えば、milk はしばしば「ミウク」のように聞こえます。

英文法 Q&A　進行形（1）

Q 次の２つの文は日本語に訳すとどちらも「彼はロンドンに住んでいる」となってしまいますが、意味に違いはないのでしょうか？

(1)　a. He lives in London.
　　　b. He is living in London.

A　一般に進行形は行為の「継続」を表しますが、ここで注意すべきは、その継続的な行為・出来事が「一時的」なものであるということです。したがって、上記 (1a) は「生まれてからずっとロンドンに住んでいる」という永住の意味を表わしますが、(1b) は「ある限られた期間だけロンドンに住んでいる」という、一時的な居住の意味を表します。類例として次の文を考えてみましょう。

(2)　a. The bucket leaks.
　　　b. The bucket is leaking.

(2a) は「そのバケツはいつも水漏れする（ので困る）」という意味になります。一方、(2b) は「あ！ そのバケツ、水が漏れているじゃないか」という意味になります。つまり、(2a) は前々から分かっている恒常的な問題点の指摘であるのに対し、(2b) は目の前で起こっているその場限りの問題点の指摘です。

　進行形が「一時的な」というニュアンスをもつということは、依頼や勧誘を表す文を丁寧に表現したい時に威力を発揮します。次の例を比べてみましょう。

(3)　a. I hope you'll give me some advice.
　　　b. I'm hoping you'll give me some advice.

(3a) のように現在形を使って表現すると、「是非アドバイスを下さい」という意味になって、相手に断る余地をほとんど与えない高圧的な文となってしまいます。しかし、(3b) のように進行形を使って表現すると、相手は依頼を断りやすくなります。なぜなら、話者の希望は一時的なものであり、今後心変わりする可能性があるという含みをもつからです。ついでながら、(3b) は I was hoping you'd give me some advice. のように過去形にするとさらに丁寧度が増します。なぜなら、自分の希望を過去のこととして述べることによって、現在ではその希望に執着していないことが暗示され、遠慮がちに聞こえるからです。

第4講
give で抽象名詞をやりとりせよ！

　今回取り上げる基本動詞は give。この動詞のコア・センスは**ある人（or モノ）から他の人（or モノ）へ何らかのモノが移動すること**。要するにモノのやりとりに関わる動詞ですが、これについては、普通日本人が思っている give の意味内容とさほど変わらないと言えるかも知れません。

　実際の使い方は、たとえば John gave some beautiful flowers to Betty. という風になりますが、考えてみればこれなど典型的な裏ワザ流のパターン、すなわち「主語＋基本動詞＋（形容詞）＋モノ＋（場所の特定）」をそのまま踏襲していますね。もっとも、give の場合は第4文型（SVOO）を使って、John gave Betty some beautiful flowers. という言い方もできるのはご存じの通りです。

　ところで、上の例にあるように「美しい花」といった「具体的なモノ」をやりとりするのは日本人にもできるのですが、これが「抽象的なモノ」のやりとりとなると、途端に日本人には思いつかなくなってしまいます。

　しかし、「花」や「本」や「ボール」をやりとりすることができるのであれば、「迷惑」や「チャンス」や「情熱」をやりとりすることだって同様にできるはず。**裏ワザ流英語術**の重要なコンセプトとして既に何度も言及しているように、**具象名詞と抽象名詞を区別する必要はまったくありません**。

　ということで、ここでは give を使って抽象的な概念のやりとりをする練習をしてみましょう。以下の日本文の意味になるように、英文の空欄に適当な抽象名詞を入れてみて下さい。

---

1. 彼は一生を歴史の研究に捧げた。

   He _____ his l_____ t_____ the study of history.

2. もう一回、最後のチャンスをあげよう。

   I'll _____ you one last c_____ .

---

3. ボート遊びは私にはとても楽しい。

Sailing _____ me much p_____ .

4. 上司にこき使われている。

My boss is _____ me a hard t_____ .

5. ご両親に迷惑をかけるものではない。

Don't _____ t_____ to your parents.

簡単でした？　では早速、答え合わせをしてみましょう。

1. He gave his life to the study of history.
2. I'll give you one last chance.
3. Sailing gives me much pleasure.
4. My boss is giving me a hard time.
5. Don't give trouble to your parents.

これらの例文を見ても分かるように、「一生」「チャンス」「楽しみ」「時間」「迷惑」といった抽象名詞を、あたかも具象名詞であるかのように扱って、それをgive という「モノのやりとり」を行なう動詞と組み合わせれば、驚くほど多様な表現が可能になるのです。

では、ここでさらに抽象名詞を give でやりとりする練習をしてみましょう。以下の枠内にある抽象名詞と give を組み合わせ、例の裏ワザ流の黄金律、**主語＋ give ＋（形容詞）＋名詞＋（場所の特定）**のパターンを作りながら、自分で例文を作ってみて下さい。

① appetite ② caution ③ feeling ④ headache ⑤ shock

give + appetite なら「食欲を与える」、give + caution なら「警告を与える」、give + feeling なら「○○な感じを与える」、give + headache なら「頭痛を与える」、give + shock なら「驚かす」というような意味になり

そうですね。そんな風に見当をつけながら、解答例を考えてみますと……

① **A brisk walk will give you an appetite.**
早足で散歩したら食欲が出るよ。

② **The judge gave him a caution.**
判事は彼に警告を与えた。

③ **All those things gave him a feeling of security.**
これらのものすべてが彼に安心感を与えた。

④ **Too much beer gives me a headache.**
私はビールを飲み過ぎると、頭痛がしてくる。

⑤ **He gave me a shock.**
彼にはひどく驚かされた。

　細部はともかく、大筋のところで解答例のような英文になっていれば上出来です。

　ところで、これまで練習してきたのは、すべて「概念」を表すような抽象名詞を用いた表現でした。しかし、give でやりとりできる抽象名詞の中には、「動作を表す名詞」も含まれます。たとえば「pat」という名詞は、「ポンと叩く」という動作を表す動詞（pat）の名詞形ですが、こういう「動作を表す名詞」を give と組み合わせ、I gave him a pat on the back.（＝私は彼の背中をポンと叩いた）といった言い回しもできるわけです。

　そこで、ここでは **give ＋動作を表す名詞**という組み合わせで英語を発話する練習をしてみましょう。以下の日本文と同じ意味になるよう、空欄に適語を入れてみて下さい。

6. 彼は彼女の頬にキスした。

He _____ her a k_____ on the cheek.

7. 彼はそのボールを思い切り蹴った。

He _____ the ball a hard k_____ .

8. 彼女はシャツにアイロンをかけた。

She _____ her shirt a p_____ .

9. 私はドレッシングの瓶をよく振った。

I _____ the bottle of dressing a good s_____ .

10. 彼はそのひもをグイッと引っ張った。

He _____ the cord a s_____ p_____ .

さて、空欄に入れるべき「動作を表す名詞」、思いつきましたか？ 答えは簡単、以下の通りです。

6. He gave her a kiss on the cheek.
7. He gave the ball a hard kick.
8. She gave her shirt a press.
9. I gave the bottle of dressing a good shake.
10. He gave the cord a strong pull.

とにかく重要なのは、「抽象名詞」を具体的なモノを表す「具象名詞」と区別することなく、基本動詞と組み合わせてどんどん使うということです。これは give に限らず、裏ワザ流で使う 12 個の基本動詞すべてについて言えることですので、よく肝に銘じておいて下さいね！ それでは、巻末にある練習問題にチャレンジしてみて下さい。

即効音声学 子音（4）

Q	英語の[r]ってどうやって発音するの？
A	英語の[r] は日本人が苦手とする音の1つですが、裏ワザを使えば簡単に発音できます。まず、日本語で「ウ」と言ってみて下さい。次に「ウ」と言ったままで、舌先を少しだけ上に反らせてみて下さい。これで[r]音の準備は完了です。そのままの形で声を何回か出してみましょう。音の感覚がつかめてきたら、今度は下の例で練習してみましょう。 (1) right, ready, reason, rule, road (2) grass, pray, correct, warm, heart 実際に単語の中で発音してみると、舌先が上の歯の歯茎に付きそうになるかも知れません。でも、**舌先がどこにも接触しない**のが[r]音の特徴ですから、グッと堪えて下さい。

英文法 Q&A　進行形（2）

Q　次の2つの文における意味の違いが分かりません。そもそも形容詞を進行形の中で使うことは可能なのでしょうか？

(1)　**a.** John is kind.
　　b. John is being kind.

A　第3講で進行形は単に継続を表すだけでなく「一時的」という意味も表すと説明しました。この「一時的」という意味が (1) の2つの文の違いを理解するのにも役立ちます。まず (1a) ですが、この文は John が親切であるという、John の生まれ持った性格について述べています。ですから、John はいつどんな時でも親切であることになります。これに対して、(1b) は John が一時的に親切な振りをしているという意味になります。つまり、もともとあまり親切ではないのに、何らかの理由で意図的に親切に振舞っているということになります。

　なお、形容詞を進行形の中で用いる際に、1つ気をつけなければならないことがあります。それは形容詞が意図的にコントロールできる性質のものでなければならないということです。そのため、(2) のように、意図的にコントロールできない形容詞は進行形にすることができません。

(2)　**a.** John is tall.
　　b. × John is being tall.

もう一つ、面白い例を取り上げてみましょう。

(3)　**a.** John jumped up and down.
　　b. John was jumping up and down.

　(3) で使われている jump（＝ピョンピョン跳ぶ）という動詞は「瞬間動詞」と呼ばれるもので、一瞬で終わる行為を表します。一方、進行形は「継続」を表しますから、瞬間動詞は進行形にならないのではないか、(3b) の文は文法的に成立しないのではないか、という気もします。しかし、(3b) の文は実際に成立し得ます。瞬間動詞が「継続」を表す進行形のニュアンスと矛盾しないためには、その行為がある一定の期間続いた、と考えればいいのです。ですから、(3b) の文は「ジョンが何度も跳んだ」という意味になるわけです。

第5講
裏ワザで put の可能性が無限に広がる!

さて、今回取り上げるのは put。いつものように、まずは put のコア・センスを把握しておきましょう。

put のコア・センスは**モノをある状態に置くこと**。中学や高校でよく習う「put = 置く」という認識は必ずしも間違いではありませんが、もう少し広い意味にとり、「ある状態に置く→ ある状態にする」といったニュアンスで把握しておいた方がいいかも知れません。

いずれにせよ、「ある状態に置く」というのは「空間の移動・場所の特定」に関わることですので、裏ワザ流の基本パターンである**主語＋基本動詞＋（形容詞）＋名詞＋（場所の特定）**の形がここでも生きてきます。**主語＋ put ＋モノ**とした後で、さらに「場所」を特定するような言葉を持ってくることを忘れないよう、心がけて下さい。

それではここで軽く練習しておきましょう。日本文を参考に、以下の英文の空欄を埋めてみて下さい。

---

1. 彼女は私の身体に両腕を回した。
   She _____ her arms a_____ me.

2. 私はクッションを一つ、彼女の頭の後ろに置いてあげた。
   I _____ one of the cushions b_____ her head.

3. 私は彼女の名前をリストにのせておいた。
   I _____ her name o_____ the list.

4. 彼女は洗濯物を干した。
   She _____ her washings o_____ the line.

こんなの簡単、簡単！ 「主語＋ put ＋名詞＋場所の特定」にすればいいのですから、

> 1. She put her arms about me.
> 2. I put one of the cushions behind her head.
> 3. I put her name on the list.
> 4. She put her washings on the line.

となります。ちなみに、「以下の空欄を埋めよ」という日本語も、英語にすれば Put a word in each blank. ということになります。これも「**put** ＋モノ (= a word) ＋場所の特定 (= in each blank)」の例ですね。

　引き続き練習してみましょう。今度は少しだけひねってありますが、基本的な部分は変わりません。

> 5.　彼女は、休暇の時に使うために、小遣いを貯めておいた。
> 　　She ＿＿＿＿＿ her pocket-money a＿＿＿＿＿ for holidays.
> 6.　メアリーは赤ん坊のことを最優先にした。
> 　　Mary ＿＿＿＿＿ her baby f＿＿＿＿＿ .
> 7.　彼はこの件について誰に責任があるのか、指摘することができなかった。
> 　　He couldn't ＿＿＿＿＿ his finger o＿＿＿＿＿ who was responsible for all this.

答え合わせをすると、

> 5. She put her pocket-money aside for holidays.
> 6. Mary put her baby first.
> 7. He couldn't put his finger on who was responsible for all this.

ということになりますが、「主語＋ put ＋名詞＋場所の特定」のパターンを

応用すれば、「貯める」「最優先にする」「指摘する」なんて難しい言い回しも、日常的な言葉を使って自由に発話することができるわけです。逆に日本人の悪い癖で、「日本語の動詞」を「英語の動詞」に変換しようとし、いちいち「『貯める』という英語の動詞って何だったっけ？ 『最優先にする』っていう英語の動詞、習ったかなあ？ 『指摘する』なんて英語の動詞、知らないよ！」という風に考えていたら、即、お手上げになりそうですよね。

　しかし、まだまだこれで満足してはいけません。**抽象名詞を具象名詞と同等に扱う**という裏ワザ流のコンセプトを put に応用すると、これまた驚くほど多様な表現が可能になるのです。
　その可能性を実感するために、ここで練習問題といきましょう。以下の英文中の空欄にどんな「抽象名詞」が当てはまりそうか、推測してみて下さい。

---

8. メアリーは嫌な思い出を過去のものにしてしまった。
   Mary _____ the n_____ behind her.
9. 彼はどの試合でも全力を尽くした。
   He _____ his a_____ into every game.
10. 大統領は彼の反対者を非難した。
   The president _____ the b_____ on his opponent.
11. そのおかげで、私はウソをつかざるを得ない立場に置かれた。
   It _____ me in the p_____ of having to lie.
12. この種の恐怖は言葉で表現できない。
   You can't _____ that sort of fear into w_____.

とりあえず答え合わせをしてみますと…

---

8. Mary put the nightmare behind her.
9. He put his all into every game.
10. The president put the blame on his opponent.

---

11. It put me in the position of having to lie.
12. You can't put that sort of fear into words.

となります。ちょっと難しかったかも知れませんが、日本語でも「過去を忘却の彼方に置く」とか、「非難を○○の上に浴びせる」、あるいは「困った立場に置かれる」「言葉に置き換えられない」というように、似たような表現をすることがありますから、それと同じように考えればいいわけです。ちなみに、**12**の「put it into words（＝言葉にする）」という表現はとてもよく使われるので、「into words」を省略した形、すなわち「put it」だけでも「言う」という意味になります。「Let me put it this way...（私はこのことを次のような表現で言いたい）」といった言い回しを耳にすることはよくあります。

　いずれにせよ本講の最重要ポイントは、**抽象名詞を『put』の目的語としたり、あるいはモノを抽象的な場所に置く、というようなパターンを作ることで、複雑かつ多様な表現が可能になる**ということです。このことを十分に理解しておいて下さいね！

　それでは、巻末にある練習問題にトライしながら、**put** で様々なモノを様々な場所に「置いて」みて下さい。

即効音声学 母音 （1）

Q	英語の [æ] の音って、「ア」の口の形をして「エ」と発音しましょうって書いてあるのを見たことがあるけど、「ア」に近いの、それとも、「エ」に近いの？
A	「ア」にも「エ」にも近くありません。難しそうな音と思っている人が多いかも知れませんが、裏ワザを使えば簡単に発音できます。まず、日本語で「イ」と言ってみて下さい。次に「エ」と言ってみて下さい。「イ」の時より顎の位置が少し下がったのがわかりますよね。では次に、「エ」と言った後、舌をそのままにして顎だけ等間隔に下げてみましょう。これで [æ] の音の発音準備は完了です。その位置で声を何回か出してみましょう。音の感覚がつかめてきたら、今度は下の例で練習してみましょう。 (1) apple, add, arrow, angry, Africa (2) cat, sad, bag, rack, hand

英文法 Q&A　進行形（3）

Q 次の文の意味がよく分かりません。「バスが停車していた」と解釈して構わないのでしょうか?

(1)　The bus was stopping.

A 中学校レベルですと、進行形は「〜している」と訳すよう教わるので、この訳し方をそのまま (1) に当てはめると、確かに「バスが停車していた」と訳したくなってしまいます。

　先に進行形には「(一時的な) 継続」という意味があるということを述べましたが、実は、進行形にはもう 1 つ知っておいた方がいい重要な意味があります。それは行為や出来事が完了していないこと、つまり「未完了」を表すということです。この点を踏まえて (1) を訳すと、「バスは止まりかけていた (= 止まりつつあった)」となります。もしバスが本当に停車していたのなら、The bus was standing at the bus stop. のように言う必要があります。

　もう 1 つ、進行形が「未完了」の意味合いを表す例を見てみましょう。

(2)　The battery is dying.

　(2) は電池の残量が少なくなってきていることを表しています。ですから、もし訳すとすれば「電池が切れかかっている」となります。もし本当に切れていたのなら The battery is dead. と言えばいいのです。

　進行形が「未完了」の意味を表すということを知っておくと、次のような文の意味の違いを理解するのにも役立ちます。

(3)　**a.** John read a book that evening.
　　b. John was reading a book that evening.

　単純過去形を使った (3a) は「ジョンがその晩のうちに本を読み終えた」、つまり最後のページまでたどり着いたという意味を表します。これに対して過去進行形を使った (3b) は、「ジョンがその晩、本を読んでいた」と言っているだけで、本を読み終えたという含みはありません。

第6講
take で意のままに「利用」せよ！

　前回取り上げた **put** のコア・センスは「モノをある状態に置く」ことである
と言いましたが、take のコア・センスはちょうどこれの逆で、**既にある状態
にあるモノを（一時的に）移動させる／利用する**ということになります。ここで、
あえて「一時的に」としてあるところにご注目下さい。**get** の場合とは異なり、
take には「モノを完全に／排他的に所有する」というようなニュアンスはあ
りません。

　しかし、いずれにしても take というのは「モノを移動させる」動詞ですから、
空間（移動）表現を重視する裏ワザ流英語術にはなくてはならない動詞と言え
ます。

　ということで、まずは基本中の基本、実際に具体的なモノが移動するケース
から練習していきましょう。いつものように、日本文を参考にして、以下の英
文の空欄を埋めてみて下さい。ここでも**主語＋ take ＋モノ＋（場所の特定）**
のパターンが生きてきます。

---

1. 父が私をサーカスに連れて行ってくれた。
   My dad _____ me t_____ the circus.

2. 傘を持って行きなさい。
   _____ an umbrella w_____ you.

3. この小包を郵便局に持っていくところです。
   I'm _____ this package t_____ the post office.

4. 誰が図書館からあの本を持ち出したのだろう？
   Who has _____ that book f_____ the library?

5. 彼は濡れた服を脱ぎ捨てた。
   He _____ o_____ his wet clothing.

---

　1 では暇そうにしている「私」を父がつかまえて、サーカス会場に移動させ
てくれた、という感じでしょうか。2 は、玄関の傘立てにでも置いてあった傘
を指さして、「それ、持っていきなさい（＝あなたと一緒に移動させなさい）」
というような場合ですね。3 も「モノをどこかへ持っていく」という場合の典
型的な例。4 は「場所の特定」が「行き先」ではなく、「出発点」を示してい
るところが上の 3 例と異なるところ。5 は、本来なら He took <u>himself</u> off his
wet clothing. という形であるべきところ、再帰代名詞（himself）が省略され
てこのような形になったと考えると、裏ワザ流的には理解しやすいかも知れま
せん。ということで、答えは……

---

1. My dad took me to the circus.
2. Take an umbrella with you.
3. I'm taking this package to the post office.
4. Who has taken that book from the library?
5. He took off his wet clothing.

となります。
　ところで上で練習したのは、実際に存在する（手で触れることのできる）モ
ノをどこかへ移動させる、という意味内容の例文でした。しかし、**take** のコア・
センスには、例えば、

・**Let's take a taxi.** タクシーで行こう。
・**I'll take the Fifth.** 私は黙秘権を行使します。
　※ the Fifth = the Fifth Amendment ＝黙秘権を認める合衆国憲法修正第 5 条

などの例に見られるように、「タクシー」や「黙秘権」といった「モノ」を（一
時的に）「利用」する、というニュアンスを表わす用法もあります。そしてこ
の用法はさらに意味範囲を広げ、単に「ある行為をする」という意味でも
take が使われることがあります。
　そこで今度は、そのような例を幾つか問題形式で見ていきましょう。例によっ
て、日本文を参考にしながら、以下の英文の空欄を埋めて下さい。

6. あまりに疲れ過ぎて、シャワーを浴びることもできなかった。

I was too tired to _____ a s _____ .

7. 風邪薬を飲んでいますか？

Are you _____ m _____ for your cold?

8. 離婚した後も、彼女は彼を利用した。

She _____ a _____ of him even after they were divorced.

9. 海辺の新鮮な空気を深く吸い込んだ。

I _____ a deep b _____ of the fresh sea air.

10. 私たちは森の中を長いこと散歩した。

We _____ a long w _____ through the woods.

　6で「シャワーを浴びる」というのは、つまり「一時的に浴室を使う」ということですから「take a shower」と言えそうですね。同様に「風呂に入る」だったら「take a bath」となります。7の「薬を飲む」は、「take medicine」となりますが、この他に「take a pill」「take a tablet」と言うこともあります。また裏ワザ流では「具象名詞」と「抽象名詞」を区別しませんから、**take**と抽象名詞を組み合わせ、その抽象的なモノを「利用」することもできます。8はまさにそうした例で、**take**と「advantage（＝優位な立場）」という抽象的なモノを組み合わせ、「利用する／弱みにつけこむ」というような意味を生じさせています。また9の「take a breath」や10の「take a walk」のように**take**と「動作を表す名詞」を組み合わせると、「当該の動作を行なう」という意味になります。ということで解答は、**6. take, shower　7. taking, medicine　8. took, advantage　9. took, breath　10. took, walk** ですね。

　それでは、以上学んできたことを踏まえ、さらに練習をしてみましょう。以下の枠内に示す抽象名詞を**take**と組み合わせ、自由に例文を作ってみて下さい。

① advice　② break　③ time　④ room　⑤ action

　まず take + advice で「アドバイスを利用する（＝受け入れる）」という意味になりそうですね。take + break（＝休暇）なら、「休暇を利用する」、という感覚でしょうか。一般に「時間」と take の相性はよく、「take time」と言うと、「時間をかける、時間がかかる」という意味合いになります。take + room では、「room」をモノとしての「部屋」ではなく、「空間、スペース」というほどの意味にとりましょう。また take + action なら「行動を起こす」という意味になりそうですね。そんな風に見当をつけながら、解答例を考えてみますと……

---

① I'm ready to take any advice.
　喜んでアドバイスを受け入れます。

② They are now taking a short break in Italy.
　彼らは今、イタリアで休暇中だ。

③ It will take time to get used to life in this country.
　この国での生活に慣れるには時間がかかるだろう。

④ The box takes little room.　その箱はあまり場所をとらない

⑤ The UN will take immediate action, if necessary.
　必要なら国連はすぐに行動を起こすだろう。

というような感じになるでしょうか。

　このように take は、「モノを移動させる」というコア・センスから出発して、「利用する」「ある行動をとる」「受け入れる」「時間・お金・スペースがかかる」といった様々な意味合いまでカバーする動詞。この応用範囲の広さに対応するには、take が使われている文章になるべくたくさん接し、感覚で覚えていくしかありません。さあ、まずは巻末の練習問題にトライして、take の使い方にさらに習熟していきましょう！

即効音声学　母音（2）

Q	英語の [ɑ] の音ってどうやって発音するの？
A	日本語にはない音なので、よくわからないと思っている人が多いかも知れません。でも、裏ワザを使えば簡単に発音できます。まず、あなたが歯医者さんに行ったとします。治療用のいすに座ると、背もたれが少し倒されました。その姿勢で待っていると、歯医者さんが近づいてきて「口を大きく開けて下さい」と言われました。この時、あなたの口と舌はどうなっていますか。その時の口と舌を今度は体を起こして再現してみて下さい（無理して口を大きく開ける必要はありません）。これで [ɑ] の音の発音準備は完了です。下の例で練習してみましょう。 (1) <u>o</u>dd, <u>o</u>live, <u>o</u>ption, <u>o</u>x, <u>a</u>rtist (2) h<u>o</u>t, sh<u>o</u>p, d<u>o</u>ll, b<u>o</u>x, w<u>a</u>tch

英文法 Q&A　現在完了形と過去形

Q 現在完了形には「完了・結果」「経験」「継続」の3つの用法があると習いましたが、それぞれの違いがよく分かりません。

A 確かに紛らわしいですよね!　しかし、「現在完了形」の3つの用法には共通して当てはまるある特徴があり、それを知っておくと用法の違いがあまり気にならなくなります。その特徴とは、「現在完了形は、現在とつながりのある過去を表す」ということ。まず、このことを肝に銘じてください。

　以下、主として現在完了形の使い方を用法ごとに説明します。まず、「完了」用法ですが、(1) の文を見てみましょう。

(1)　I have just finished my homework.

(1) は現在もしくは現在に非常に近い過去の時点で宿題を終えたことを表します。次に、「結果」用法の例として (2) の文を考えてみましょう。

(2)　**a.** I cut my finger.
　　　b. I have cut my finger.

(2a) は指を切って傷ができたのは過去のことであり、現在ではそれが治っているという含みがあります。一方、(2b) は傷が現在でもまだ治っていないという含みがあります。続いて、「経験」用法の例として (3) の文を見てみましょう。

(3)　I have never climbed Mt. Fuji.

(3) は生まれてから現在までに富士山に一度も登ったことがないことを表します。最後に、「継続」用法の例として (4) の文を考えてみましょう。

(4)　**a.** John lived in London for three years.
　　　b. John has lived in London for three years.

(4a) ではジョンが現在ではもうロンドンに住んでいないだろうと解釈できます。これに対して、(4b) ではジョンが現在でもまだロンドンに住んでいるだろうと解釈できます。以上の説明から、現在完了形ではどの用法においても何らかの形で「現在とのつながりがある」という特徴があることが分かっていただけたでしょうか。

41

第7講
keepを使う時は「状態」まで明示すべし！

　今回のテーマは keep。この基本動詞のコア・センスは **（努力して）何かを維持する**ということです。ともすれば主語の意志に反することをしがちなあるモノを、何とかして主語の意志に従わせる、というニュアンスですね。例えば **keep a diary** と言えば「日記をつける」という意味になりますが、これは「三日坊主になりそうな日記を辛抱強く書き続ける」ということですから、**keep** のコア・センスがよく表れています。

　ところで、「何かを維持する」と言う場合、しばしば「どういう状態で維持するのか」が問題になります。例えば Keep the dog on a chain.（犬を鎖でつないでおきなさい）という例文を見ると、ただ単に「犬を維持する」のではなく、「鎖につないだ状態で（維持する）」ということが明示されています。このように、**「どのような状態で維持するか」ということまでハッキリ述べてこそ、keep という動詞を活用することができるのです。**

　では、「維持する状態」をどうやって表現するか。それは簡単です。いつものように**主語＋ keep ＋（形容詞）＋名詞＋（場所の特定）**とすればいいんです。このパターンは、万能ですからね。

　ということで、まずは簡単な練習問題をやってみましょう。日本語を参考にしながら、空欄に単語を入れ、以下の英文を完成させて下さい。

---

1. ヘレンは母親の写真を銀色の額に入れて取っておいた。

   Helen ＿＿＿＿＿＿ a p＿＿＿＿＿＿ of her mother i＿＿＿＿＿＿ a silver frame.

2. 免許証は携帯していなさい。

_____ your driver's l_____ o_____ you.

3. 医者は少なくとももう一週間は彼女を病院に入院させておくだろう。

Doctors will _____ h_____ i_____ hospital for at least another week.

4. 卵は冷蔵庫に入れない方がいい。

You shouldn't _____ e_____ i_____ the refrigerator.

5. 彼女はお金をマットレスの下に隠しておいた。

She _____ her m_____ u_____ the mattress.

　この辺までは具体的なモノ（＝具象名詞）を具体的な場所の中に保っておく、ということですから簡単ですね。答えは以下のようになります。

1. Helen kept a photograph of her mother in a silver frame.
2. Keep your driver's license on you.
3. Doctors will keep her in hospital for at least another week.
4. You shouldn't keep eggs in the refrigerator.
5. She kept her money under the mattress.

　しかし、keep の使い道はこの程度では収まりません。次は様々な「モノ」を抽象的な場所に keep する練習をしてみましょう。途端に表現の幅がぐっと広がるはずです。先ほどと同様、日本文を参照しながら、以下の英文の空欄に適当な一語を入れてみて下さい。

6. 電動工具は子供の手の届かないところに置いて下さい。

Keep power tools out of children's r_____ .

7. このことは親には知らせないでおいた。

I kept my parents in the d_____ about this.

8. 離婚した後、彼は生活が乱れた。

   After the divorce, he couldn't keep his life in o_____ .

9. 政治の話題は避けなさい。

   Keep the conversation off the s_____ of politics.

10. 彼は怒りを抑えることができない。

    He can't keep his anger under c_____ .

ちょっと難しかったかも知れませんが、以下の解答をじっくり見ていると、「なるほど！」と思えてくるはずです。

6. Keep power tools out of children's reach.
7. I kept my parents in the dark about this.
8. After the divorce, he couldn't keep his life in order.
9. Keep the conversation off the subject of politics.
10. He can't keep his anger under control.

特に 7 の keep someone in the dark なんて、なかなか面白い表現ですね！日本語でいう「蚊帳の外に置く」に近いかも知れません。

ところで、「モノをどういう状態で維持するか」を表現する方法は、「場所の特定」、すなわち「前置詞＋場所」という形でなければならないというわけではありません。副詞の中には「up」や「down」のように、一語で場所や方向を表すものがありますし、またモノの状態を示すのであれば「形容詞」や「分詞」を使ってもいいはずです。要するに、モノをどういう状態で keep するか、ということさえ示すことができれば、どんな手段を使ってもいいのです。

では、ここでは**主語＋ keep ＋モノ（or 人）＋形容詞／分詞／副詞**という形の練習をしてみましょう。いつものように、日本文を参考にしながら、空欄に適語を入れて、英文を完成させてみて下さい。

---

11. 物音のせいで、彼は眠れなかった。

    The noise _____ him a_____ .

12. 彼女は目を閉じていた。

    She _____ her eyes s_____ .

13. 僕はエンジンをかけたままにした。

    I _____ the engine r_____ .

14. 顔を上げて！

    _____ your head u_____ !

15. ホームの端から下がって下さい。

    _____ b_____ from the edge of the platform.

---

11 は「物音＋ keep ＋彼＋起きている状態」とすればいいのですから、The noise kept him <u>awake</u>. としましょう。同様に 12 も「彼女＋ keep ＋目＋閉じた状態」とすればいいのですから She kept her eyes <u>shut</u>. となります。この場合の「shut」は（過去）分詞ですね。13 は、「僕＋ keep ＋エンジン＋回っている状態」とするのですから、I kept the engine <u>running</u>. とします。この場合の「running」は（現在）分詞です。14 は命令形で Keep your head up! となりますが、この場合の「up」は方向を表す副詞。15 も同じく方向を表す副詞「back」を使って Keep back from the edge of the platform. となりますが、この場合、Keep <u>yourself</u> back from the edge of the platform. すなわち「keep ＋人＋状態」という構文から、再帰代名詞の「yourself」が省略されたと考えると分かりやすいでしょう。

とまあ、ここまで色々なことを述べてきましたが、要するに「**主語＋ keep ＋モノ（or 人）＋場所の特定**」という基本の形を念頭に置きつつ、「**場所**」を表す言葉の部分に抽象名詞を使ったり、「**場所の特定**」の代わりに「**状態を表す形容詞・分詞・副詞**」を使ったりすると、**表現の幅が広がる**、というだけのこと。そのことを踏まえて、巻末の練習問題にチャレンジしてみて下さい。

即効音声学　母音（3）

Q	英語の [ə] ってどうやって発音するの？
A	この母音の発音は意外に簡単です。まず最初に日本語で「ア」と言ってみて下さい。次に「ア」の時よりも口の開きを少し狭め、舌や唇の力を抜いて声を出してみて下さい。これが [ə] の音です。少し物足りない感じがするかも知れませんが、これがこの音の特徴です。下の例で練習してみましょう。 （1）ab<u>ou</u>t, <u>a</u>nother, <u>a</u>pply, <u>a</u>round, <u>a</u>way （2）fam<u>ou</u>s, cust<u>o</u>m, op<u>e</u>ra, sof<u>a</u>, cam<u>e</u>ra [ə] は強勢のない音節に起こるので、急いで話している時は脱落する（したがって、聞こえてこない）ことがよくあります。注意しましょう。

英文法 Q&A　前置詞

Q 次の 2 つの文は、一見すると前置詞 at があるかないかの違いしかありませんが、意味的にはどのように違うのでしょうか？

(1) **a.** John shot at the bear.

　　b. John shot the bear.

A 「動詞＋前置詞＋目的語」という形式の文は、「動詞の表す行為によって対象物が間接的にしか影響を受けない」という意味を表します。したがって、(1a) の John shot at the bear. という文は「ジョンが熊を狙って撃った」という行為を表しているだけで、実際に弾が熊に命中したかどうかは不明です。そのため John shot at the bear, <u>but missed it</u>.（ジョンは熊を狙って撃ったが、はずしてしまった）と続けることができます。

　一方、「動詞＋目的語」という形式の文は、動詞の表す行為によって対象物が直接的に影響を受けるという意味を表します。したがって、(1b) の John shot the bear. という文はジョンが熊を狙って撃って、弾が実際に熊に当たった、ということを表しています。ですから先ほどのケースとは異なって、この文の後に but missed it. という文を続けることはできません。

　「前置詞のある・なし」という形式と「間接的・直接的」という意味の対応関係は、次のような文を解釈する際にも役立ちます。

(2) **a.** John flew the plane.

　　b. John flew in the plane.

　前置詞を伴わない (2a) はジョンが飛行機を直接コントロールした、という意味を表します。ということは、そう、ジョンはパイロットとして飛行機を操縦していたことになります。これに対して、前置詞を伴う (2b) はジョンが飛行機を直接コントロールしていたわけではない、という意味を表します。つまり、ジョンはただ乗客として飛行機に乗っていたことになります。

　以上見てきたことから、動詞と目的語との距離が近ければ（つまり、間に前置詞などが挟まれなければ）、動詞の影響力が直接目的語に及ぶ意味内容になりやすいことが理解できるでしょう。

第8講
let でやりたいようにさせよう！

　前回学んだ **keep** のコア・センスが「（努力して）何かを維持する」ことであるとすれば、今回学ぶ **let** のコア・センスはその逆。つまり、**何かを維持するために続けていた努力を打ち切り、勝手にさせてしまうこと**。つまり、**やりたいようにやらせてやる**ということです。いわば、「投げやりな動詞」ですね。そういえばビートルズの名曲に『Let It Be』（なるようになれ）というのがありましたっけ。

　この基本動詞の用法としては、いつものパターン、すなわち**主語＋ let ＋モノ＋場所の特定**がとりあえず使えます。例えばこんな調子……

---

1. She let the dogs into the house.
   彼女は犬を家の中に入れた。

2. The secretary let me into the president's office.
   秘書が私を社長室に招き入れた。

3. Let me out of here!
   ここから出して！

4. Don't let the secret out.
   秘密を漏らしてはいけない。

5. She let out a cry of horror.
   彼女は恐怖のあまり声を上げた。

---

　1 では家の中に入って来たくて仕方のない犬たちを外に留め置く努力をやめ、「そんなに入りたいなら入れば……」と、家に入れてしまう、そんな感じです。**2** も同じで、用事があって社長室に入りたい私を、「どうぞ」とばかり招き入れてくれた、という感じでしょうか。**3** は逆に「私は外に出たくて仕方がないのだから、出してくれ！」と訴えています。

　4で登場する「秘密」とは、もともと表に出たいものなのでしょう。その出たがりの「秘密」を、決して外に出してはいけない、というのが4の表現ということになります。つまり、let を否定形で使うと、「○○に××をさせてはならない」という「不許可」の意味になるわけです。5は、She let a cry of horror out. が元の形だと考えれば、「主語＋ let ＋モノ＋場所の特定」の形に当てはまりますね。

　ところで、ここで let のコア・センスをもう一度思い出して下さい。「相手のやりたいようにやらせてやる」でしたね。となると、当然「相手のやりたいこと」を示さなければならないわけですが、人の「やりたいこと」を「場所の特定」だけで表現するのは、ちょっと無理があります。やはり「何をやりたいか」というのは、動詞で表すのが一番ふさわしいので、いつもの「主語＋ let ＋モノ＋場所の特定」というパターンはちょっと脇に置き、いわば let 専用に、新たに**主語＋ let ＋モノ（しばしば「人」）＋動詞の原形**という語順を設定し、「動詞の原形」の部分で、その「人」がやりたいことは何なのか、を表現してみましょう。
　それでは、まずは練習です。以下の日本文の意味になるように、英文の空欄に適語を入れてみて下さい。

---

6. 何か飲むものを取ってきてあげよう。
　　_____ me g_____ you something to drink.

7. 私に手伝わせて下さい。
　　_____ me g_____ you a hand.

8. お名前を伺ってもよろしいですか。
　　_____ me h_____ your name, please.

9. 火を絶やしてはいけない。
　　Don't _____ the fire g_____ out.

10. 何かいいことがあったのなら、こっちにもお裾分けしてよ!
　　_____ the joy b_____ universal!

6で「私」は「あなた」に飲み物を取ってきてあげたくて仕方がないのですから、letを使ってそれをやらせてあげましょう。**Let me <u>get</u> you something to drink.** ですね。7も同様に **Let me <u>give</u> you a hand.** となります。私はあなたに手を貸してあげたくて（=give you a hand）仕方がないのだから、そうさせて下さい、ということですね。このようにletを使った命令形では、「モノ」の位置に「me」が来て、「私に○○をやらせて下さい」というふうに、許可を求める意味合いになることが多くなります。8もその種の例で、**Let me <u>have</u> your name, please.** で「お名前をお聞かせ下さい」の意味になりますが、これは日本人がよく口にしがちな What's your name? という（警察の尋問のような）名前の尋ね方よりもはるかに礼儀正しい表現となります。

9は **Don't <u>let</u> the fire <u>go</u> out.** です。放っておくと消えてしまう（=go out）火を、消えるままにしてはいけない、ということですが、これも「許可」の意味合いを持つletを否定形として使うことによって、「○○に××をさせてはいけない」という意味にした例ですね。

最後の10は **Let the joy <u>be</u> universal!** となります。「楽しさ・喜び」というのは、元来、万人に共有されるべきものなのだから、そうさせてあげなさい、ということなのですが、要するに「楽しいことを独り占めにしないで」「うまい話はこっちにも回してよ」というようなニュアンスの、ちょっとユーモラスで面白い表現です。

ところで、上に示した例でletと組み合わせた「動詞」は、それぞれ「get」「give」「have」「go」「be」であり、これらはすべて裏ワザ流で用いる12個の基本動詞の中に含まれています。これらの動詞を活用すれば、日常的なものから相当高度なものに至るまで、英語の発話は大概こなせてしまうというのが裏ワザ流の主張ですから、これはこれで構いません。

が、そうは言っても、中学・高校などを通じ英語を学習してきた普通の日本人であれば、覚えている動詞の数はそればかりではないはず。そこで、本来の裏ワザ流の原則からは若干外れますが、次に「普通の日本人なら誰でも知っていそうな簡単な動詞」をletと組み合わせる練習をしてみましょう。以下の枠内の動詞をletと組み合わせ、何か例文を作ってみて下さい。

> ① ask　② borrow　③ drive　④ know　⑤ tell

　まず **let ＋人＋ ask** ですが、誰か質問したい人に質問をさせてあげましょう。
let ＋人＋ borrow ですと、何かを借りたいと思っている人がいる、というシ
チュエーションを作ればいいわけです。**let ＋人＋ drive** なら、「ドライブさせ
て下さい」というような文になりそうですね。同様に **let ＋人＋ know** なら「知
りたいのだから、知らせてよ」、**let ＋人＋ tell** なら「言いたいのだから、言わ
せてよ」、というようなニュアンスの場面を考えればいいわけです。それでは
以下に解答例を示しておきます。

---

① **Now let me ask a question.**
　私に質問させて下さい／質問があります。

② **He didn't let me borrow clothes.**
　彼は私に服を貸してくれなかった。

③ **Jody, let me drive you home.**
　ジョディー、車で家まで送らせてよ。

④ **If he comes, I'll let you know.**
　もし彼が来たら、君に知らせてあげるよ。

⑤ **Let me tell you about myself.**
　自己紹介させて下さい。

　本講では裏ワザ流のルールを若干破って、基本 12 動詞以外の動詞にまで手
を伸ばしましたが、基本的な骨格は変わりません。**主語＋ let ＋モノ（or 人）
＋場所の特定（or 動詞の原形）** という形で、モノ（しばしば「人」）の位置に
来るものにやりたいことをやらせてあげる、という意味の発話をすればいいわ
けです。後は巻末の練習問題でさらなる練習をし、この「投げやりな動詞」の
用法に習熟して下さい。練習の方は「投げやり」ではいけませんよ！

即効音声学　母音（4）

Q	二重母音って２つの母音を組み合わせて発音すればいいの？
A	誤解されやすいのですが、そうではありません。二重母音はれっきとした１つの母音です。こう言うと何か難しそうと思うかも知れませんが、コツさえつかめば、発音は意外と簡単です。ここでは [ai] という二重母音の発音にチャレンジしてみましょう。まず最初に [a] と言ってみましょう。[a] は日本語の「ア」よりも口を大きめに開けて発音します。次に [a] を少し長めに発音し、その後に [i] を軽く添えてみましょう。この時、日本語の「愛」のように２つの音の間に切れ目を入れてはいけません。[a] が徐々に弱まって、いつの間にか [i] で終わるといった感じで発音します。下の例で練習してみましょう。 (1) i̲ce, i̲dle, i̲ron, i̲sland, i̲dea (2) ti̲me, wi̲ne, gui̲de, sky̲, tie̲

英文法 Q&A　受動文

Q 以下に示す 2 つの受動文は何が違うのでしょうか？

(1) **a.** The village was surrounded by the enemy troops.
　　b. The village got surrounded by the enemy troops.

A ご質問の通り、受動文には be 動詞を用いた「be 受動文」と get を用いた「get 受動文」の 2 種類があります。両者の違いはいくつかありますが、以下、特に重要と思われるものを挙げておきます。

　まず第 1 に、get 受動文は主として話し言葉で使われ、書き言葉では避けられる傾向があります。一方、be 受動文は話し言葉でも書き言葉でも使われます。

　第 2 に、be 受動文が使われている (1a) は「その村は敵軍によって包囲された」という動作を意味しているのか、それとも「包囲されていた」という状態を描写しているのかが曖昧です。それに対して (1b) は、「包囲された」という動作系の読みしかあり得ません。ですから「包囲された」という動作系の意味を明確に表したい時には、get 受動文が選ばれることになります。

　第 3 に、get 受動文の場合、述べられている出来事の「責任」が主語にもあるという含みがあります。一方 be 受動文は出来事を客観的に記述しているにすぎません。例えば John was arrested (by the police). と言った場合、ジョンが（警察に）逮捕されたという事実を述べているだけですが、John got arrested (by the police). と言った場合は、自首したのであれ、不注意で捕まったのであれ、逮捕という出来事を招いた「責任」がジョンにもあるという含みがあります。

　第 4 に、以下の (2) に示すように、get 受動文は、主語あるいは主語に関係する人に（有利であれ、不利であれ）、何らかの影響が及ぶような場合によく使われます。一方、be 受動文はこの点に関して中立的です。

(2) **a.** John got promoted.（ジョンは昇進した。）
　　b. My wallet got stolen.（私の財布が盗まれた。）

このため、get 受動文では往々にして話し手の驚き（え？　ジョンが昇進したんだって？！）や、不快感（やれやれ、財布を盗まれちゃったよ……）などの感情が含意されることがあります。

第 9 講
do は -ing 形と組み合わせて！

　本講で取り上げる do のコア・センスは「(何かを)する」。一見シンプルですが、この基本動詞、実はクセ者です。

　まず do には本動詞としての役割の他に**助動詞**としての役割があって、例えば **Do** you have any brothers and sisters?（きょうだいはいますか？）とか、We **don't** go to work on Saturdays and Sundays.（土日は会社には行きません）など、**疑問文**や**否定文**を作るために使われることがあるのはご存じですね。その他、**Do** come and see me.（**ぜひ**会いに来てよ）という例文に見られるように、他の動詞を**強調**する言葉として使われることもあります。

　また 本動詞として使う場合であっても、That **will do**.（それで十分**間に合う**）や He **did well** at school.（彼は学校の成績が**良かった**）、あるいは I **did badly** on the test.（試験で**しくじった**）など、目的語を取らない慣用句的表現で日常的によく使われるものがいくつかあります。

　その反面、裏ワザ流的な使い方、すなわち「動詞＋名詞」の組み合わせで発話する、というような使い方になると、この動詞は若干精彩を欠くところがあります。この使い方で do と組み合わすことのできる名詞は、相当限られてくるんですね。せいぜい、do ＋ **business** で「仕事をする」、do ＋ **damage** で「ダメージを与える」、do ＋ **trade** で「取引をする」、do ＋ **trick** で「騙す／望ましい結果を引き起こす」といったところでしょう。例文を挙げると…

---

1. **I've done business with Mr. Smith before.**
   かつてスミス氏と仕事をしたことがある。

2. **The bug does a lot of damage to these trees.**
   その虫は、木々に深刻なダメージを与える。

3. **This seems to do the trick!**
   これで何とかなりそうだ！

といった調子。またもう少し熟語的な用法として、**do** と何らかの名詞が結びつくケースとしては……

---

4. **I'll do my best for the team.**
チームのため、最善を尽くします。

5. **We take turns doing the dishes.**
私たちは交代で皿洗いをする。

6. **You should do your hair.**
髪を結った方がいい。

7. **I do the laundry every other day.**
一日おきに洗濯をしています。

8. **I have to do my homework by tomorrow.**
明日までに宿題をやらなくちゃ。

9. **Alcohol can do great harm to the body.**
酒は身体に害を及ぼす危険性がある。

10. **Will you do me a favor?**
お願いがあるのですが。

……のようなパターンがあります。それぞれ **do one's best** で「最善を尽くす」、**do the dishes** で「皿を洗う」、**do one's hair** で「髪を結う」、**do the laundry** で「洗濯する」、**do one's homework** で「宿題をする」、**do harm** で「害を及ぼす」、**do someone a favor** で「願いをかなえる」という意味ですね。

とはいえ、たとえこのような熟語的な表現を含めても、「**do** ＋名詞」の組み合わせは、そんなにたくさんあるわけではありません。これまでに学んだ「make ＋名詞」「have ＋名詞」「get ＋名詞」「give ＋名詞」「put ＋名詞」「take ＋名詞」「keep ＋名詞」「let ＋名詞」の組み合わせがほとんど無限にあるのと比べると、「**do** ＋名詞」のヴァリエーションの少なさは、ひときわ目立っています。

しかし、実は **do** と名詞の組み合わせ方には、もう一つ「裏ワザ」があるんです。裏ワザ流のさらに「裏」。……ということは、ひょっとして「表ワザ」？　……

ま、それはともかく、その「裏・裏ワザ」とはどういうものかと言いますと、「do ＋ -ing」の形、つまり、「do ＋動名詞」の形を作るというもの。名詞は名詞でも、**動名詞**を使うわけです。ただしこの用法では **do** と「動名詞」の間に「the」、「some」、「any」、「my」といった言葉が必要になります。これらの言葉は「限定詞」と呼ばれますが、要するにこういうものを動詞の -ing 形にくっつけて、それが「動名詞」であることを明示するわけです。

　……なんて説明をし出すとややこしくなってきますが、やってみれば簡単なこと。つまりは**主語＋ do ＋ the/some/any/my/... ＋動名詞**とやればいいのですから。では、そのことを念頭に置いて、設問形式で練習してみましょう。以下の空欄に適語を入れ、日本文と同意になるよう英文を完成させて下さい。

---

11. 私たちは昨日、商店街でたくさん買い物をした。
    We ＿＿＿＿＿ a lot of s＿＿＿＿＿ at the mall yesterday.

12. 最近の学生の中には、ちっとも本を読まない者がいる。
    These days some students don't ＿＿＿＿＿ any
    r＿＿＿＿＿ .

13. 私は自分で洗濯する。
    I ＿＿＿＿＿ the w＿＿＿＿＿ myself.

14. 校長先生は授業を担当しなかった。
    The principal ＿＿＿＿＿ no t＿＿＿＿＿ .

15. 彼は暇な時には、絵を描いたりすることもある。
    He ＿＿＿＿＿ a little p＿＿＿＿＿ in his spare time.

　さて、先に考え方を示してみましょう。まず **11** ですが、「買い物をする」は「do the shopping」でしょうか。日本語でも「ショッピングをする」と言いますから、その点では日本語も英語も同じですね。で、「買い物をする」が「do the shopping」なら、「読書をする」は……そう、「do the reading」となります。ただ **12** では「ちっとも本を読まない」という風に否定形になっていますから、「don't do any reading」としておきましょうか。

　後は同じで、「洗濯をする」なら「do the washing」、「授業をしない」なら「do no teaching」、「絵を描く」なら「do the painting」です。ということで答えは、

11. We did a lot of shopping at the mall yesterday.
12. These days some students don't do any reading.
13. I do the washing myself.
14. The principal did no teaching.
15. He does a little painting in his spare time.

……となります。

　それでは、後は練習あるのみ。以下に示す枠内の動詞を動名詞に変え、「do」と組み合わせて、何か適当な例文を作ってみて下さい。

① compute ② iron ③ jog ④ learn ⑤ pack

　枠内の動詞を動名詞形にして、**do** と組み合わせればいいだけの話ですから、何も難しいことはありません。**do the computing** として「コンピュータを使う」、**do the ironing** で「アイロンをかける」、**do the jogging** で「ジョギングをする」、**do the learning** で「勉強をする」、**do the packing** で「荷造りする」、なんて意味になりそうですから、そんな風に見当をつけながら例文を考えてみましょう。限定詞の部分はケース・バイ・ケースで「the」以外のものに変えても構いません。以下、解答例を示しておきます。

① Some people have never done any computing.
コンピュータを使ったことのない人もいる。

② I do my ironing with the radio on.
ラジオを聴きながらアイロンをかける。

③ He does some jogging every day.
彼は毎日、いくらかでもジョギングをする。

④ You're always playing a video game. Do some learning for a change!
いつもゲームばかりして。たまには勉強しなさい！

⑤ She is going to do some packing before going to bed.
彼女は寝る前に荷造りするつもりだ。

　ざっとこんな調子です。「do」を使った裏ワザの裏ワザ、要領がつかめましたか？　それでは巻末の練習問題にチャレンジし、さらにこの感覚に磨きをかけて下さい。

即効音声学　音変化（1）

Q	did you ってよく「ディジュ」のように聞こえるけど、どうして？
A	did と you の間に融合同化（2つの隣り合った音が互いに影響し合って、似た性質を持つ別の音に変化する現象）が起こっているからです。代表的な例として次のようなものがあります。 (1) [t] + [j] → [tʃ]: **meet you** （「ミーチュ」のように聞こえる。） (2) [d] + [j] → [dʒ]: **would you** （「ウジュ」のように聞こえる。） (3) [s] + [j] → [ʃ]: **miss you** （「ミシュ」のように聞こえる。） (4) [z] + [j] → [ʒ]: **as you know** （「アジュノー」のように聞こえる。）

英文法 Q&A　二重目的語構文と与格構文

Q give のような動詞は2つの目的語を取り、しかも以下のような2種類の語順を許すということを習いました。両者は何が違うのでしょうか？

(1) **a.** John gave Mary a bouquet. （ジョンはメアリーに花束をあげた。）
　　b. John gave a bouquet to Mary. （ 〃 ）

A 通例 (1a) のような構文を「二重目的語構文」と呼び、(1b) のような語順をとる構文を「与格構文」と呼びますが、結論から言いますと、両者の間には若干の違いがあります。(1b) のように John gave a bouquet to Mary. と言った場合、単に花束がジョンからメアリーへ移動したという意味し

か表されませんが、(1a) のように John gave Mary a bouquet. と言った場合、その移動の結果メアリーが花束を所有するようになった、というニュアンスが付加されます。二重目的語構文において「所有」の意味が含意されるということは、次の (2) の文を見ればはっきりします。

(2)　**a.**　× John sent London a package.
　　b.　John sent a package to London.
　　　　（ジョンはロンドンに小包を送った。）

ロンドンは町ですから小包を所有することができません。そのため、(2a) は意味的に不適格な文、ということになるわけです。

　また、give（与える）、send（送る）、teach（教える）といった「相手に物や情報を与える」という意味を表す動詞の場合は、与格構文で間接目的語の前に前置詞 to を取りますが、buy（買う）、make（作る）、get（手に入れる）といった「相手のために何かをする」という意味を表す動詞の場合は、例えば Mary made a new dress for her daughter.（＝メアリーは娘のために新しいドレスを作った）という文のように、与格構文で間接目的語の前に前置詞 for を取ります。

　なお、二重目的語構文では間接目的語にあたる人物がモノや情報を「所有するようになる」という意味が含意されますが、cost（かかる）、save（省く）などの動詞の場合は、金銭や時間・労力を「所有しなくなる」という逆の意味が含意されます。例えば The book cost me 2,000 yen. という文の場合、cost という動詞の間接目的語である me（= 私）は、本を買った代償として、2,000 円を失ったわけです。なお、これらの動詞は二重目的語構文でしか使われません。

第10講
go=「行く」の呪縛から逃れよう！

　日本人にとって go は常に「行く」です。I go to school.（私は学校へ行く）と言う時の、非常に狭い意味での「行く」。そしてこの固定観念があるため、この多彩な使い道のある動詞を活用し損なっているところがあります。

　ではどうすればいいか？　裏ワザ流ではこの問いに対する答えとして３つのアドバイスを用意しています。しかもそのどれもが簡単なアドバイスですから、すぐにでも応用可能。今日、この瞬間から「go の達人」になれます。

　しかしそのアドバイスを伝授する前に、いつものように go のコア・センスを押さえておきましょう。go のコア・センスは**移動する（そしてその結果ここにはない）**ということ。この定義をしっかり覚えておいて下さい。また基本12動詞のうち、**go と come と be は自動詞なので目的語を取りません。よって裏ワザ流の黄金公式も「主語＋基本動詞＋(場所の特定)」というシンプルな形になります。**そのことも覚えておいて下さいね！

　では、まず１つ目のアドバイスといきましょう。１つ目のアドバイスは、**'go' するのは人だけではない。また 'go' と組み合わされるのは『to』だけではない**です。

　先に述べたように、日本人には go ＝「行く」という固定観念があるせいか、この動詞の主語になるものは常に「人」だと思っているところがあります。しかも「どこか**へ**行く」のだからと、go の後には「to」という前置詞を使いたがる癖もある。しかし、実はこの２つの固定観念を取り除くだけで、go の使い道はずいぶんと広がるんです。

　実際にやってみましょう。以下の空欄に適語を入れ、日本文と同意になるよう、（モノ主語の）英文を完成させて下さい。前置詞の選択がポイントです。

---

1. その噂は町中に広まっている。

   The rumor is _____ a_____ the town.

2. それはルール違反だ。

   That _____ a_____ the rule.

3. インフレは手のつけられないほどになった。

   Inflation _____ o_____ o_____ control.

4. 思わずゾッとした。

   A shiver _____ t_____ me.

5. この食事にはどんなワインが合いますか？

   What kind of wine would _____ w_____ this meal?

　まず 1 ですが、「広まる」というのは「（噂が）そこら中を経めぐる」ことですから、「about」または「around」という前置詞を組み合わせましょう。2 は、日本語の「違反」から「against」という前置詞が思い浮かべばしめたもの。3 は「制御可能な範囲を逸脱した」と考え、「out of」を入れます。4 は「一瞬、冷たいものが背筋を通り抜ける」というイメージで「through」を選択。5 は「合う」という部分を「一緒に（＝共に、手に手をとって）進んでいく」というふうに解釈して、「一緒に」を表す「with」を入れてみましょう。ということで、答えは以下の通りです。

---

1. The rumor is going about (/ around) the town.
2. That goes against the rule.
3. Inflation went out of control.
4. A shiver went through me.
5. What kind of wine would go with this meal?

　ところで、上記の英文に対応する日本文の述部をもう一度見直すと、それぞれ「広まる」「違反する」「手がつけられなくなる」「ゾッとする」「合う」となって

います。つまり go を使っているからといって、常に「行く」という意味合いになるとは限らないわけです。固定観念の呪縛から逃れ、go をいわゆる「モノ主語」の文で使ったり、色々な前置詞と組み合わせたりするだけで、単なる「行く」だけでない go の使い方が見えてくるのですから、試してみない手はありません。

さて、次。2番目のアドバイスは、**'go' の行き先として、『抽象的な場所』もあり得る**です。

例えば Don't go to any trouble for me. という文を考えてみましょう。この文、日本語に訳せば「私のためにお手間をとるようなことはなさらないで下さい」となります。つまり、「手間をとる、苦労をする」という意味を「go to trouble」という形で表現しているわけです。このように、「trouble」のような抽象名詞を go の行き先に指定することで、これまた多様な表現法が手に入るのです。

では、練習です。以下の枠内の抽象名詞を go の行く先にして、適当な例文を作ってみて下さい。

---

① business ② action ③ inflation ④ 1600s ⑤ waste

まず考え方から示してみましょう。go to + business というと、「実業界に入る」という意味の表現になりそうです。go to + action なら「行動に入る＝行動開始」、go to + inflation なら「インフレになる」、go (back) to + 1600s なら「1600年代に遡る」、go to + waste なら「ゴミ箱に直行＝無駄になる」という意味になりそうですね。ま、そんな調子で考えてみて下さい。解答例は以下の通りです。

---

① **Mr. Scott has now gone into the tourism business.**
スコット氏は今、旅行業界で仕事をしている。

② **We immediately went into action.**
我々はただちに行動を開始した。

③ **The economy went into inflation.**
経済状況はインフレに突入した。

---

④ **This building goes back to the 1600s.**
この建物の歴史は1600年代にまで遡る。

⑤ **Our efforts have gone to waste.**
我々の努力は水泡に帰した。

では最後に3つ目のアドバイスを伝授しましょう。3つ目のアドバイスは、**'go' には 『（移動した結果）ここにはない』 という意味合いがあることを忘れるな！**です。

Gone with the Wind という小説・映画がありましたが、邦題は『風と共に去りぬ』。風と共にどこかに行ってしまって、その結果ここにはいない、という意味ですね。このタイトルが表しているように、**go** には「行ってしまって、もう元には戻らない」というニュアンスがあり、さらにそこから「無くなってしまう／（悪いものに）なってしまう」という意味合いも生じるのです。なお「悪いものになってしまう」という意味内容の文を作る時は「主語＋ go ＋（悪い状態を示す）形容詞」という順に言葉を並べます。

では、練習を通じてこの意味合いを頭に叩き込みましょう。日本文を参考に以下の空欄に適語を入れ、英文を完成させて下さい。

---

6. 頭痛はよくなったんでしょ？
   Your headaches a_____ g_____ , aren't they?

7. スープが冷めてしまった。
   The soup _____ c_____ .

8. この林檎、もう腐ってしまったんじゃないかな。
   I think these apples have _____ b_____ .

答えは簡単、6. **Your headaches <u>are</u> <u>gone</u>, aren't they?** 7. **The soup <u>went</u> <u>cold</u>.** 8. **I think these apples have <u>gone</u> <u>bad</u>.** ですね。

というわけで、本講で伝授した3つのアドバイスで、**go** を大いに活用してみて下さい。巻末の練習問題も忘れずに！

即効音声学　音変化（2）

Q	書き手の writer が乗り手の rider のように聞こえることがあるけど、どうして？
A	[t] の音は、強勢のある母音と強勢のない母音に挟まれた時、[d] に近い音に変化するからです。他に次のような例があります。 （1）　**bitter, letter, pattern, heating, waiting** （2）に示すように、[t] は強勢のある母音と音節を形成する [l] に挟まれた時にも [d] に近い音に変化するので、注意しましょう。 （2）　**metal, bottle, little, petal, title**

英文法 Q&A　情報構造

Q 参考書などを見ると、動詞と副詞（もしくは前置詞）を組み合わせた「句動詞」の場合、(1) や (2) の例文のように、目的語が名詞の時には副詞が名詞の前に来ても後に来てもいいけれども、目的語が代名詞の時には副詞の前に代名詞が来なければならないと書いてあります。それはなぜですか？

(1)　**a.** John switched the light off.
　　b. John switched off the light.
(2)　**a.** John switched it off.
　　b. × John switched off it.

A ご質問に答えるためには、英語の情報構造についての知識が必要です。
　会話で相手に伝えたいこと、つまり情報には「旧情報」と「新情報」があることはご存じでしょうか。前者は聞き手がすでに知っているだろうと話し手が判断している情報のことを言い、後者は聞き手がまだ知らないだろうと判断している情報のことを言います。そして英語の場合、一般的に文頭に旧情報を置き、文末に新情報を置くという傾向があります。単純化して言うなら、英語は「旧情報 → 新情報」という情報の流れを好む言語ということになります。
　一方、代名詞は、例えば John received a postcard from Mary yesterday. **It** was beautiful. という文を見てもわかるように、前に一度出てきた名詞を受ける言葉ですから、基本的に旧情報を担っていることになります。ですから、旧情報を担う代名詞が文末に来ている (2b) のような文は、英語が好む情報の流れに反しているので、文法的に誤りということになります。
　このような情報の流れについての英語の特徴を知っていると他にもいろいろな現象が説明できます。例えば、(3) のような質問の答えとして、(4a) の与格構文は容認されますが、(4b) の二重目的語構文は容認されません。

(3)　Where's your dictionary?
(4)　**a.** I lent it to my friend.
　　b. × I lent my friend it.

(4b) が容認されないのも、旧情報を表す代名詞 it が文末に現れているからです。

第11講
comeの裏ワザ的用法はgoに準じて！

　日本人の多くが **go** を単純に「行く」だと信じているとすれば、**come** をその逆、すなわち「来る」だと思っている人が多いのは当然でしょう。

　しかし、この覚え方が非常に危険であることは、次の簡単な例文でも明らかです。次の文中の空欄に適語を入れ、日本文と同じ意味になるように英文を完成させて下さい。

すぐ行きます！＝ I'm (　　　　　　　　　)！

　さて、空欄には何が入りました？　「行く」だから「going」だろうと思ったら大間違い！　実は、ここには「coming」が入ります。単純に「go ＝行く」「come ＝来る」だと思っていてはいけません。

　ちなみに、上の文になぜ「coming」が使われるのかは、**come** のコア・センスを知れば一目瞭然。**come** のコア・センスは、**移動した結果、ここ（話者 or 相手のいる場所）にいる**です。「すぐ行きます！」という文は、「移動してあなた（相手）のいる場所に行きますよ」という意味ですから、「go」ではなく **come** が使われるのです。

　come と **go** のコア・センスにおけるこの決定的な違いさえ飲み込んでしまえば、その用法については前講で伝授した３つのアドバイスのうち、最初の２つがそっくりそのまま **come** にも適用できます。すなわち、

✦ (1) **come** の主語になるものは「人」とは限らない。また **come** と組み合わされるのは「to」（あるいは「from」）だけではない。

✦ (2) **come** で移動した先が抽象名詞で表される「抽象的な場所」であることもあり得る。

　それでは、以下、この２点を中心に練習していきましょう。

まずは第1のアドバイス、すなわち come と様々な「モノ主語」、そして様々な前置詞が組み合わさるケースから練習します。

以下の日本文を参考に、文中の空欄に適語を入れ、英文を完成させて下さい。

---

1. その問題は国会に提出された。
   The question came b_____ the Diet.

2. どんなものにも二人の仲を引き裂かれないようにしよう。
   Let nothing come b_____ us.

3. 奇妙な考えが私の頭に浮かんだ。
   Strange ideas came i_____ my head.

4. そのニュースは晴天の霹靂だった。
   The news came o_____ o_____ the blue.

5. 雲が空を覆った。
   The cloud came o_____ the sky.

6. 熟練の技は練習の賜物だ。
   Skill comes t_____ practice.

7. ミルクやチーズは酪農製品に分類される。
   Milk and cheese come u_____ the dairy products.

さて、まず1ですが「問題が国会の前に来た」と考えて「before」を入れてみましょう。2は何かが二人の「間」に入り込む（のを防ぐ）わけですから、「between」が適当でしょう。3で「奇妙な考え」は頭の中に「入り込んで来た」のですから、come into としてみてはどうでしょうか。4の「晴天の霹靂」とは、「青空から突如現れる」ということですから、come out of the blue としてみましょう。この表現は既に熟語となっていますね。5で「覆う」をそのまま英訳しろと言われたらお手上げですが、「雲が移動してきて、その結果、ここにある」ということですから、come が使えるわけです。その上で「覆い尽くす」という意味合いを込めるとすると、come to よりも come over と言った方が感じが出そうです。6も「賜物」を直接訳そうとすると難しくなってしまいますが、「熟練の技は練習を通してやって来て、今ここにある」と考

えれば、come **through** でいいのではないでしょうか。ラスト、**7** ですが、これはちょっと難しいですね。ただ「○○の旗印の下にやって来る」と考えて、come **under** を思いつく、その英語のセンスを学びとりましょう。では、以下に解答を示しておきます。

---

1. The question came before the Diet.
2. Let nothing come between us.
3. Strange ideas came into my head.
4. The news came out of the blue.
5. The cloud came over the sky.
6. Skill comes through practice.
7. Milk and cheese come under the dairy products.

　では次。今度は come の移動先が抽象名詞（抽象的な場所）である場合について練習してみましょう。以下の枠内に示した抽象名詞を come と組み合わせ、適当な例文を作ってみて下さい。

---

① agreement ② conclusion ③ existence ④ fashion
⑤ light　　　 ⑥ notice　　 ⑦ power

　はじめに考え方から示していきます。まず最初の「agreement」ですが、「合意」という意味ですから、come **to + agreement** で「合意に達する」というような意味になりそうです。次、come **to + conclusion** なら「結論に至る」ですね。「existence」は「存在」という意味なので、come **(in)to + existence** とすれば「存在するようになる／生まれる」という言い方になるでしょうか。同じく come **(in)to + fashion**（＝流行）であれば、「流行る」という意味になりそうです。また come **to + light** というと、「日の目を見る、明るみに出る」というような意味になりそうですね。同様に come **to + notice** なら「認知される」というような意味で使えそうです。ラスト、come **to + power** というと、「権力の場に入る」ということですから、「権力を握る」という意味になるのではないでしょうか。ということで、以下に解

答例を示します。

---

① We came to an agreement after a long talk.
長い討論の末、我々は合意に達した。

② By two in the morning, I had come to a conclusion.
夜中の２時までには、私は一つの結論に達していた。

③ Ukiyo-e came into existence in the mid-17th century.
浮世絵は 17 世紀半ばに生まれた。

④ Bowling has come back into fashion.
ボウリングの人気が復活してきた。

⑤ The mayor's embezzlement came to light.
市長の横領が発覚した。

⑥ His acting in the movie came to the public's notice.
その映画における彼の演技が、人々の目に留まった。

⑦ The present government came to power in 2020.
今の政府は 2020 年に政権を握った。

　このように、come を様々な前置詞と組み合わせたり、「人」ではなく「モノ」を主語に据えてみたり、あるいは come の行く先を「抽象的な場所」にするだけで、単に「（人が）やって来る」という狭い意味での come の用法を越えた、多様な英語表現が可能になることがお分かりいただけたのではないでしょうか。

　それでは、後は練習あるのみ！　巻末の練習問題にチャレンジしてみて下さい。

即効音声学　音変化（3）

Q	good morning ってよく「グッモーニング」のように聞こえるけど、どうして？
A	2つの隣り合った子音が、同じ音か発音の仕方が似ている音の場合、前の子音が発音されずに脱落することがあるからです。典型的な例として次のようなものがあります。 (1) [t] の脱落： 　　next time, iced tea, don't mind, first class, last night (2) [d] の脱落： 　　grabbed them, sound good, good-bye, old man, hold tight

英文法 Q&A　**助動詞**

Q 中学生の時に must ＝ have to と習いましたが、2 つの表現はどちら
を使っても違いはないのでしょうか？

A must には「〜しなければならない」という「義務」の意味と「〜であ
るにちがいない」という「推論」の意味があります。最初に「義務」の
意味から説明すると、同じ義務でも must は話し手自らが行なう必要があると
考える「主観的な義務」を表します。これに対して、have to は規則や命令と
いった外的事情によって話し手に課される「客観的な義務」を表します。例えば、
次の (1a) は話し手がそろそろ禁煙しないとまずいと思っている時の発言である
のに対して、(1b) は医者に忠告されてやむなく禁煙しようと思っている時の発
言となります。

(1)　**a.** I must stop smoking.
　　　b. I have to stop smoking.

ただし、(2) のように「主観的な義務」と「客観的な義務」の違いがコミュニケー
ション上問題にならない場合もたくさんあります。そのような場合は使い分け
に関してあまり神経質にならなくてもいいでしょう。

(2)　**a.** Sorry, I must go now.
　　　b. Sorry, I have to go now.

次に「推論」の意味の説明に移ります。次の (3) の文を考えてみましょう。

(3)　**a.** John must be telling a lie.
　　　b. John has to be telling a lie.

どちらの文も、ジョンが嘘をついているにちがいない、という意味を表して
いる点では同じです。しかし、(3a) は個人的な見解に基づく「主観的な推論」
を表すのに対して、(3b) は証拠に裏づけされた「客観的な推論」を表します。

なお、イギリス英語の話し言葉では「義務」の意味であれ「推論」の意味
であれ have to の代わりに have got to（短縮形は 1 人称・2 人称主語で 've
got to、3 人称主語で 's got to）がよく使われます。この点もあわせて覚えて
おくといいでしょう。

第12講
be動詞を制する者は、英語を制する！

　「裏ワザ流英語術」というキャッチコピーを掲げ、12個の基本動詞を活用しながら「名詞発想の英語」「空間（移動）表現の英語」「抽象名詞を活用する英語」を実現する方法を学んできたわけですが、それも大詰め、本講が（基礎編としては）最終回となります。

　その最終回に持ってきたのが、「（そういう形で）存在する」というコア・センスを持つbe動詞。普通、日本人が一番最初に学校で習う動詞ですが、実はこの一見簡単に見える動詞こそ、日本人にとって一番活用が難しい動詞なんです。

　日本人の頭の中にあるbe動詞は、I am a student.（私は、生徒です）のような言い方の時に使うもの。つまり、「○○は、××だ」という時に使うのがbe動詞だと思っているわけです。それはそれで構いません。しかし、では「私は上手に泳げる」という文を英語で言ってご覧なさい、と言われると、I can swim well. とするばかりで、be動詞のことは頭の中からきれいさっぱり抜け落ちてしまう……。

　どうしてI am a good swimmer. という言い方が思いつかないのでしょうか？

　理由は簡単。既に述べたように、日本人は「泳ぐ」という日本語の動詞を、直接英語の動詞（＝ swim）に直そうとする傾向があるからです。そして「I can swim...」まで作ってしまえば、後は「上手だ」という部分を副詞の「well」で置き換えればいい。**「日本人英語」の特徴である「動詞＋副詞」の形**、I can swim well. の完成です。

　しかし、既に述べたように、英語は本来名詞発想の言語ですから、「泳ぐのが上手」という部分を「上手に泳ぐ人（＝ a good swimmer）」と名詞に変換し、後は**名詞＋ be ＋名詞**の形、すなわち「○○は、××（する人）だ」のパターンに持ち込んで、I am a good swimmer. とするのが、名詞を活用した「一枚うわ手の英語」なんです。

　もちろん、「動詞発想」の習慣から **be** 動詞を活用する「名詞発想」への転換は、数多く練習することでしかなし得ません。以下、日本文の文体に惑わされず、あくまでも「be」動詞を使って、「○○は、××（する人）だ」の形を作りながら、日本文の文意を英語に直してみて下さい。動詞の語末に「-er / -or」をつければ、たいてい「××する人」という意味になりますよ！

> 1. 彼女は猫が好きだ →
> 2. 彼女は走るのが速い →
> 3. 彼はその会社を設立した →
> 4. 彼はスピーチコンテストで一等賞を勝ち取った →
> 5. 彼女はよく映画館に足を運ぶ →

---

　1 ではつい She loves cats. としたくなりますが、そこをぐっとこらえて「彼女は猫が好きな人だ」と発想転換し、She is a lover of cats. / She is a cat-lover. としてみましょう。では、**2** は？　そう、She is a fast runner. ですね。**3** は「設立する」という日本語の動詞を、「設立する人」という英語の名詞に訳して He is the founder of the company. というところまで持っていきましょう。**4** は「勝ち取った」を「勝ち取った人」と言い換えれば、He is the first prize winner in the speech contest. が見えてくるのではないでしょうか。**5** も同じく「映画館に行く」を「映画館に行く人」と転換すれば、She is a moviegoer. が見えてくるでしょう。

　しかし、**be** の活用法はこれだけではありません。裏ワザ流の必勝パターン（の自動詞バージョン）である**主語＋動詞（be）＋場所の特定**という形を作るだけで、多様な英語表現をものにできるのです。また「場所」を表す言葉に抽象名詞を用いれば、表現の幅はさらに広がります。

　早速やってみましょう。以下の文中の空欄に適語を入れ、日本文と同じ意味になるように英文を完成させて下さい。

> **6.** 彼はとても健康だ。
>
> **He is i_____ good health.**

---

7. ネイル・アートが流行している。

Nail art is i_____ fashion.

8. 急いでいるの？

Are you i_____ a hurry?

9. このコピー機は壊れている。

The copy machine is o_____ o_____ order.

10. スタジアムは建設中だ。

The stadium is u_____ construction.

6 「彼はとても健康だ」という場合、日本人は He is very healthy. としがちです。もちろんそれでも悪くはないですが、英語は「名詞発想・空間（移動）表現重視・抽象名詞活用」の言語ですから、「健康だ」という形容詞を抽象名詞である「健康」に転換し、「健康という場所にいる」と考えて、He is in good health. とすると、とても英語らしい英語になります。あとは同じように考えて、7 は「流行の中にいる」、8 は「急ぎの中にいる」と発想してみましょう。9 は逆に「きちんとした状態（＝機能した状態）の外にいる」とすれば「out of」が思い浮かぶのではないでしょうか。10 は熟語として覚えている人もいるかも知れませんが、日本語でいう「目下、建設中である」という感覚。このあたりから「under」が思い浮かぶようになると、英語のセンスも相当なものです。以下、解答を示しておきましょう。

6. He is in good health.
7. Nail art is in fashion.
8. Are you in a hurry?
9. The copy machine is out of order.
10. The stadium is under construction.

この他**主語＋ be ＋場所の特定**の表現法の例としては、He is in deep sleep.（彼はぐっすり眠っている）や、He is badly in debt.（彼は多額の借金を抱えている）、He is at work now.（彼は今、仕事中だ）などがあります。

またこのパターンでよく使われる John is in love with Mary. という表現もついでに覚えておきましょう。同じ「ジョンはメアリーを愛している」と言うにしても、John loves Mary. とするより、よほど感じが出ます。

　ところで、上の構文では「場所の特定」を「前置詞＋名詞」の形で表していますが、実は「場所や方向を表す副詞」だけでも非常に多様な表現が可能です。以下、その練習をしてみましょう。以下の空欄に適語を入れ、日本文と同じ意味になるように、英文を完成させて下さい。

---

11. 誰か（家に）いる？　　　Is anybody i_____ ?
12. 月が出ている。　　　　The moon is o_____ .
13. 居間の明りが点いている。　The lights are o_____ in the living room.
14. 彼は出張中だ。　　　　He is a_____ on business.
15. 調子はどう？　　　　What's u_____ ?

---

　11 は簡単。「家の中にいる？」ということですから Is anybody in? でOK。12 も The moon is out. だけで十分。13 は電灯が「オン」になっているわけですから The lights are on in the living room. でしょう。14 は「離れた場所にいる」のですから He is away on business. でいいでしょう。15 は What's up? です。もともと「何か面白いことでも起こった？」という意味ですが、「up」一語で「(何かが) 生じる」ということを表しているんですね。
　以上、日本人に親しみがあるようで、実はなかなか活用できない be 動詞の使い方を勉強してきましたが、あとは練習問題をこなすことで、裏ワザ流の極意を体得して下さい。

即効音声学　音変化（4）

Q	辞書を見ると、can には [kæn] という発音と [kən] という発音があるようだけど、どうやって使い分けるの？
A	通例、(1) のような肯定形では弱形の [kən] が使われ、(2) のような否定の短縮形では強形の [kæn] が使われます。

(1) I can [kən] play the piano.
(2) I can't [kænt] play the piano.

ただし、(3) のように can が文末に来ていたり、(4) のように対比させたい時には肯定形であっても強形の [kæn] が使われます。

(3) Can I borrow your bike?　Yes, you can [kæn].
(4) They think I can't do it, but I can [kæn] do it.

同じことが他の助動詞にも当てはまります。

英文法 Q&A　仮定法

Q I could repair the old car. という英文は、can の過去形である could が使われているので、「修理することができた」と訳せばいいのでしょうか?

A 確かに could は can の過去形ですが、ご質問の英文は単純過去の文ではなく、仮定法過去の文です。仮定法過去の文は実現の可能性が低いこと、あるいは状況によっては可能性がゼロであることを表します。したがって、上の英文は「ひょっとしたらその古い車を修理できるかもしれない」という意味になります。もし実際に修理することに成功していたのなら、I was able to repair the old car. または I managed to repair the old car. と言う必要があります。

　単純過去の文と仮定法過去の文の区別が難しいと思われるかもしれませんが、過去の行為や出来事が話題となっていない文脈の中で助動詞の過去形が使われていたら、それは仮定法過去の文である可能性が高いと言えます。そして仮定法過去の文が単文の形で現れている場合、条件を表す表現が省略されていると考えればいいでしょう。例えば、先の I could repair the old car. という文は、「with the right tools (=ちゃんとした道具があれば)」といった、条件を表す句が省略されていると考えれば、仮定法過去の文であることが理解しやすくなるはずです。

　また would も仮定法過去の文で使われます。以下に示す (1) の例文をご覧ください。括弧内は暗黙の条件を表します。

(1)　John would do much better (if he studied more).

　(1) は、「ジョンは (もっと勉強したら) もっといい点が取れるだろうに」という意味になります。さらに、(2) に示すように、might も仮定法過去の文で使われます。

(2)　John might come with me.

　(2) は、「ジョンはひょっとしたら私と一緒に来るかもしれない」という意味になります。ただし、一般的に言ってアメリカ英語の話し言葉では、may よりも might の方が好んで用いられる傾向があります。そしてその場合、might は特に仮定法のニュアンスを持たず、may とほとんど同じ意味で用いられます。

応用編（1）
とにかく「名詞」を思い浮かべよ！

　さて、ここまで裏ワザ流英語術で使う12個の基本動詞を学んできたわけですけれども、たった12個の動詞を活用するだけで、これだけ幅広い英語表現が可能になるということ、お分かりいただけましたか？

　ん？　「理屈としては分かったけれども、実際に自分で英語を話すとなったら、まだ自信がない……」ですって？

　なるほど。それはそうですよね。ならばここからは「応用編」として、裏ワザ流で英語を発話する時の具体的なコツを伝授していきましょう。いわば「裏ワザ流・虎の巻」。はじまり、はじまり〜！

✦ 裏ワザ流英語術のコツ（その1）

　本書冒頭の「はじめに」の中に書きましたが、日本語は動詞発想の言語なので、日本人は「文の中で一番大切なのは動詞だ」と思い込んでいるフシがあります。一方、英語は名詞発想の言語なので、文の中で一番大切なのは名詞です。日本語と英語ではこれほど明確な違いがあるのに、それに気付かず、日本語特有の動詞発想のまま英語を発話しようとするから、日本人はなかなか英語がマスターできない、のでしたね。ではどうすればいいか？

　まず、何はともあれ、日本語の動詞を無視しましょう！

　以下、実際に例題を解きながら説明していきます。

　まず「本のページに木の葉が挟んであった」という日本文を英語に訳してみて下さい。その際、踏まえるべきポイントは以下の3点です：

① 日本語の動詞を英語の動詞に訳そうとしない。
② この文で一番重要な名詞、あるいは、空間を移動する名詞は何かと考え、それを英語の名詞に訳す。
③ あとは裏ワザ流の黄金公式に当てはめながら、場所を特定していく。

「本のページに木の葉が挟んであった」という文を英語で発話するとなった場合、大抵の日本人は「挟む」という動詞に着目し、「挟むって、英語でなんて言うんだろう?」と考え、それが思いつかないとすぐに「自分には言えないんだ……」とあきらめてしまいます。

ですが裏ワザ流では「日本語の動詞を英語の動詞に訳そうとしない」のが原則ですから、まずポイント①を当てはめて、**「挟む」という日本語の動詞を英語の動詞に訳そうとするのをやめましょう**。

次にポイント②を見ると、「この文の中で**一番重要な名詞、あるいは、空間を移動する名詞**は何か」とあります。「本のページに木の葉が挟まっていた」という文章の中で一番重要な名詞、空間を移動する名詞はなんでしょう? 当然「木の葉」ですよね! ならばこれを英訳して「a leaf」としましょう。

残るはポイント③。ポイント②で得た名詞 (a leaf) を裏ワザ流の公式に当てはめ、場所を特定すればいいのですから……

主語 + 基本動詞 + 名詞 + (場所の特定)
↓ ↓ ↓ ↓
The book ? a leaf between the pages.

ほら、大分英文らしくなってきたでしょ? 後は動詞を決めればいいわけですが、裏ワザ流で使う動詞はたったの12個ですから、この12個の中から一番ふさわしいものを選ぶだけ。この場合だと、「この本は、木の葉をページの間に持っているぞ」ということですから、**have** あたりがふさわしそうです。ならば……

The book has a leaf between the pages.

としてはどうでしょうか。実際、これで英文として立派に通用します。

要するに裏ワザ流英語というのは、こんな感じで、先に挙げた3つのポイントを順番にこなしていく「3ステップ方式」で行けばいいんです。

ではもう一つ例題をやってみましょう。「彼女はATMでお金を下ろした」と英語で言ってみてください。

まずはステップ1。「(お金を) 下ろす」という意味の英語の動詞は何かな?

と考えるのはやめましょう。次にステップ２で、この文の中で「一番重要な名詞、あるいは空間を移動する名詞」は何か？　と考える。そう ATM の中から彼女の手元へと移動するのは「お金」ですね！　後はステップ３で、裏ワザ流の例の公式に当てはめるだけ。

主語 ＋ 基本動詞 ＋（形容詞）＋ 名詞 ＋（場所の特定）
↓　　　　↓　　　　↓　　　　↓　　　　↓
She　　　?　　　her　　money　out of the ATM.

　問題は 12 動詞の中のどれを選ぶかですが、ATM の中にあったお金を、「一時的に／自分の目的のために移動させる」のですから、take が一番ふさわしいですね！　ならば、

She took her money out of the ATM.

となります。これで十分、通じる英語になっています。そして英語というのは、結局のところ、相手に通じればいいのです。

✦ 裏ワザ流英語術のコツ（その２）

　「英語は名詞中心！」といくら口を酸っぱくして言っても、普段、動詞中心言語である日本語を話している日本人には、なかなかピンとこないところがあります。例えば、「昨晩はよく眠れた」と英語で言ってご覧なさい、と言うと、大抵の日本人はまず何はともあれ「眠る」という日本語の動詞を英語の動詞「sleep」に直し、次に「よく眠れた」だから「よく」の部分を英語に訳さなきゃ、と思って「well」という副詞をくっつけ、さらに「昨晩」だから「last night」かな？ と考えて、最終的に

I slept well last night.

という英文をひねり出します。
　もちろん、この英文は文法的に正しいですし、何の問題もありません。しかし、この英文の述部を見ると「slept well」となっていますね？　つまり「動

詞＋副詞」の形になっている。実はこの「動詞＋副詞」の形こそ「日本人英語」の最大の特徴なんです（⇒ p. 72）。日本人は「動詞が一番大事」だと思っていますから、動詞中心に英文を構成し、その上で副詞によって動詞を修飾しようとするので、どうしても「動詞＋副詞」の形になりがち。だから、I slept well last night. という英語は、いかにも日本人っぽい英語なんです。

でも、裏ワザ流の世界に I slept well last night. という言い方は存在しません。何故なら裏ワザ流の世界には「sleep」という動詞が存在しないからです。ではどうするか？ 「昨晩はよく眠れた」を裏ワザ流で英語にすると、

I had a good sleep last night.

となります。「sleep」という言葉を「眠る」という意味の動詞としてではなく、「睡り」という意味の名詞として使い、あとは「主語＋基本動詞＋名詞」の公式通りに並べているんです。この場合、「sleep」という名詞を中心に文を組み立てているので、それを修飾する言葉は副詞（well）ではなく形容詞（good）になります。

要するに**日本人発想の英語発話法と裏ワザ流英語発話法の違いは、「sleep」という言葉を動詞として使うか、それとも名詞として使うかの違い**なんですね！

こうしたことを踏まえて、一つ、とっておきのコツを伝授しましょう。

日本人の癖で、ついつい動詞中心に英文を組み立てたくなるのは仕方ありません。しかしそこをぐっと抑えて、思いついた**英語の動詞の「名詞形」は何だっけ？ と発想する**のです。

それではこのコツを踏まえてもう一問、例題を解いてみましょう。「私はスピーチの内容を少し変えた」と、英語で言ってみてください。

「変えた」のだから「changed」かな？ と思ったあなた！ 「change」という動詞を思いついたわけですね！ ならばそこでもうひと工夫し、「change」という動詞の名詞形は何だっけ？と発想してみましょう。「change」（変える）の名詞形は……そう！ 「change」（変更）ですね。「change」は動詞と名詞が同形です。そこで「change」を動詞としてではなく、名詞として使うことにし、これを黄金公式の中に当てはめていくと……

```
主語 ＋ 基本動詞 ＋ （形容詞）＋ 名詞 ＋ （場所の特定）
  ↓        ↓          ↓        ↓        ↓
  I        ?        some   changes  to my speech.
```

となります。あとは基本動詞を選ぶだけですが、さて、何を選びましょうか。
今まで変更点が無かったところに変更点を生じさせた、スピーチの状態を変え
たわけですから、**make** がふさわしそうですね！　ならば……

I made some changes to my speech.

としてはどうでしょうか。日本人英語特有の「動詞＋副詞」のパターンを使っ
て、I changed my speech a little. などとするより、はるかに英語らしい英語
になっています。

　それではもう一問。「その問題について少し考えてみた」という文を英語に
してみましょう。

　「考えてみた」というところで、頭の中にパッと「think」という動詞が浮か
んだ人、大勢いると思います。しかし、ここでひと思案。「think」という動詞
を使おうとする前に、まずこの動詞の名詞形は何だっけ？と考えましょう。そ
う、「think」の名詞形は「thought」ですね。ならばこの名詞を、裏ワザ流の
公式の中の「名詞」の位置に置いてみる。すると……

```
主語 ＋ 基本動詞 ＋ （形容詞）＋ 名詞 ＋ （場所の特定）
  ↓        ↓          ↓        ↓        ↓
  I        ?        some   thought  to the problem.
```

ここまで来れば、基本動詞には **give** あたりがふさわしいことは明白ですから、
I gave some thought to the problem. という英文が完成します。もちろんこ
のままでもいいですが、これをさらに第4文型に変え、

I gave the problem some thought.

とすればさらに完璧！　いかにも日本人が思いつきそうなI thought about the

problem a little. などという英文より、よほどこなれた英語になっています。

　このように、**思いついた英語の動詞を、あえて名詞形に変えて使う**ということも、名詞中心言語の英語を発話する上で、重要なコツとなるのです。

応用編（2）
頭の中にモノが移動する絵を描け！

　「応用編（1）」では、英語が名詞中心言語であることを念頭に置いたコツを伝授しましたが、「応用編（2）」では、英語が空間（移動）言語であることを念頭に置いたコツを伝授しましょう。

　例えば「go to bed」という表現のことを考えてみます。この表現、端的に言えば「ベッドのところに行く」という意味ですが、例えば What time did you go to bed last night? という英文は、「何時にベッドのところに行ったか？」ということを尋ねているのではありません。そうではなくて「何時に寝たか？」ということを尋ねているんです。人が空間を移動してベッドのあるところに行ったら、それはつまり「寝る」という意味なんですね。

　つまり**英語というのは、モノが空間を移動してどこか別な場所に納まった時に、ある特定の意味が発生する言語**なんです。実際、よく観察してみると、英語というのは「場所を定める」ということに非常に執着する言語であることに気づきます。

　ところで、**モノが空間を移動する言語**というのは、**絵に描き易い言語**でもあります。そして絵に描いてみると、その状況をどのように英語化すればいいか、一目瞭然になります。以下、実際にやってみましょう。

　例えば「全財産は長男が相続した」と英語で言ってご覧なさい、と言われた場合、大概の日本人は、何はともあれ「相続した」という日本語の動詞を英語の動詞に直そうとします。そして仮に「inherit」という英語の動詞を知っていたなら、The eldest son inherited all the property. などと言えそうですが、inherit という動詞を知らなかったとしたら、すぐに「私には無理……」と諦めてしまいそう。

　しかし、裏ワザ流英語術に不可能の文字はありません。たとえ inherit という動詞を知らなくても、大丈夫、裏ワザ流なら絶対に何とかなるはず。

　まず「全財産は長男が相続した」という状況を、モノが空間を移動するような絵に描いてみましょう。すると当然、次のような絵が思い浮かぶのではないでしょうか？

　家の中にあったお金が空間移動し、長男のところに行った（その結果、お金は家の中から消えた）ということですね！

　この絵をそのまま裏ワザ流の黄金公式に当てはめるとすれば、「移動した結果、いなくなる」というコア・センスを持つ「go」という動詞を利用して、

主語　＋　基本動詞　＋（場所の特定）
↓　　　　　↓　　　　　　↓
All the property　went　to the eldest son.

という英文が作れるでしょう。事実、これで十分に「全財産は長男が相続した」という意味の英文になっています。なお、「財産」という意味の「property」という英単語を知らなかったとしても大丈夫！「財産」というのは、結局、家（＝家族）のお金の全部」ということですから、「All the family money」で代用し、**All the family money went to the eldest son.** としておけば十分通じます。何度も言いますが、英語というのは通じればいいんです。

✦ 裏ワザ流英語術のコツ（その3）

　ここまで述べてきたことをまとめますと、裏ワザ流英語術の3つ目のコツは、**頭の中にモノが空間を移動するような絵を描き、その絵の状況を裏ワザ流の黄金公式に当てはめる**ということになります。

　ここからは例題をこなしながら、このコツをマスターしていきましょう。以下の日本文を、モノが空間を移動する絵を描きながら、英文に訳してみて下さい。

第1問：叔父さんが出資してくれるだろう。

　英語が苦手な日本人なら、「『出資する』なんて難しい英語の動詞、習ったこ

とないよ〜」でおしまいです。でも裏ワザ流を使えば大丈夫。まずは叔父さんが出資してくれる、という状況を「モノが空間を移動するような絵」として頭の中に描いてみます。すると、こんな絵が思い浮かびませんか？

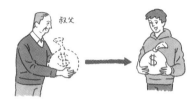

ここまでくればゴール一歩手前！　あとは「移動した結果、ここに現われる」というコア・センスを持つ come という動詞を選択し、「主語＋基本動詞（自動詞）＋場所の特定」という公式に当てはめて、

The money will come from my uncle.

と言ってみる。ほら！　難しい言葉なんか一つも使わずに、「叔父さんが出資してくれるだろう」という意味内容を完璧に英語に訳せたじゃないですか！
　　この調子でもう何問か練習してみましょう。

第2問：あまりプレッシャーをかけないでください。

　プレッシャーをかける？　「かける」って英語でなんて言うんだろう？　ああ、分からないなあ。やっぱり私にはこれを英語で言うなんて無理……というのが通常の日本人の発想。でも、そんなこと言ってないで、とにかくこの状況を絵にしてみましょう。そうすれば突破口が開けるはず！　例えば上司の人からプレッシャーをかけられている状況を絵にしたら、多分、こんな感じになるのではないでしょうか？

　さあ、ここまで来たらあとは簡単。この絵の状況を裏ワザ流の黄金公式に当てはめていけば万事 OK。上司が持っている「プレッシャー」というモノを移動させて、ある人（＝部下）の上に置くわけですから、基本動詞には **put** を選択しましょう。すると……

主語　＋　基本動詞　＋（形容詞）＋　名詞　＋（場所の特定）

↓　　　　　↓　　　　　↓　　　　　↓　　　　　↓

Don't put too much pressure   on me.

ほら！　Don't put too much pressure on me. という英文がスラっと出てきたでしょ！　え？　Don't put me under too much pressure. にしてしまったって？　上手い！「私の上にプレッシャーを置く」と「プレッシャーの下に私を置く」は、同じことを別な言い方で表現しているだけなので、どちらもちゃんとした英語になっていますよ。

第３問：彼は私を裁判で訴えるつもりだ。

　「裁判？　訴える？　そんなのとても無理！」と思ったあなた。まあ、そう言わずにこの状況を絵に描いてみましょう。裁判で訴えるということを「何かが空間を移動する絵」にするとしたら、彼が私を無理やり裁判所の方に連れて行こうとしている情景が浮かびませんか？　例えば下の絵のように。

　連れて行かれる（＝移動する）のは「私」、移動する先は「裁判所」、そして「彼」は自分の利益のために、私を裁判所に連れていこうとしているのですから、基本動詞 **take** を使って、

主語 ＋ 基本動詞 ＋ 名詞 ＋ (場所の特定)

He　　will take　　me　　to the court.

とすれば、それこそ状況が目に浮かぶような英文 He will take me to the court. の完成です。

第４問：私にはどんなことであれ、隠し事をしないでください。

　「隠し事をする」なんて英語の動詞、習ったことないよ～、と嘆く前に、頭の中に絵を描きましょう！「隠し事をする」というのは、要するに秘めておきたいことを後ろ手に、つまり自分の背後に置き続けるということですから、絵で描くとすれば、

こんな感じになりますよね？　ならば「あるモノをある状態に置く」というコア・センスを持つ keep を使って、

主語 ＋ 基本動詞 ＋ 名詞 　＋ (場所の特定)

Don't keep　anything　　back from me.

と公式通りに並べれば、Don't keep anything back from me. という英語がスラスラっと出てきたのではないでしょうか。

　以上、例題を使って解説してきましたが、とにかく「どうやって英語にすればいいんだろう？」と迷ったら、まずその状況を何か「モノの移動が伴うような絵」の形で頭の中に思い描き、その上で、その絵を裏ワザ流の公式（＝主語＋基本動詞＋〈形容詞〉＋名詞＋〈場所の特定〉）に当てはめてみるという作業をしてみてください。きっと、突破口が見つかるはずですよ！

応用編（3）
「パーツ交換」で発話力を伸ばせ！

　本書第4講で、give を使って動作名詞をやり取りすることを学びましたが、それを応用すると、例えば「メアリーはトムの顔をきつくにらみつけた」と英語で言うならば、「にらむこと」を意味する「stare」という動作名詞を使って、

Mary gave Tom a hard stare.

と言えそうです。
　では、もしメアリーがにらんだのではなく、トムをギュッとつねったのだったらどうなるでしょう？　そう、「stare」という名詞を「つねること」を意味する「pinch」という名詞に入れ替えて、

Mary gave Tom a sharp pinch.

にすればいいわけです。それにしてもメアリーにつねられるなんて、一体トムは何をやらかしたのでしょう。浮気……かな？
　しかしそれでも怒りが収まらないメアリーが、もしトムの顔を平手で引っぱたいたとしたらどうでしょう？　その場合、まず「pinch」を「平手打ち」を意味する「slap」に入れ替えて、

Mary gave Tom a slap in the face.

とすればいい。……でもメアリーさん、いくら何でも暴力はいけませんよ！
　ところで、この例からも明らかなように、Mary gave Tom a hard stare. という一文を手に入れたならば、この文の中の単語（stare）を別の単語（pinch / slap）に入れ替えることで、別の文を作り出すことに成功したことになります。そして、実はこれこそ裏ワザ流英語術の画期的なところなんです。

✦ 裏ワザ流英語術のコツ（その4）

　裏ワザ流では「主語＋基本12動詞＋（形容詞）＋名詞＋（場所の特定）」という公式に則り、英単語をこの順序に並べることによって英語の発話をしてきたわけですが、「＋」の記号で結びつけられた個々の単語は、いわば「パーツ」なんですね。ですから、そのパーツを入れ替えてしまえば、元の文とはまったく異なる、新しい文章が次々と生まれ出ることになる。ちょうどレゴ・ブロックで遊んでいる子供が、個々のブロックを入れ替えることで、一つのものからまったく別なものを作り出すように、**英文を構成するパーツを入れ替えることによって、次々に新しい英文を作り出せる**というわけ。そしてこれが裏ワザ流英語術4つ目のコツ、ということになります。

　では、裏ワザ流英語でどんどん「パーツ入れ替え遊び」をしてみましょう。
　まず手始めに、先ほど大喧嘩をしていたメアリーとトムを仲直りさせましょうか。先の文では「stare」「pinch」「slap」などという物騒な単語ばかり使いましたが、これらの単語を「ハグする」という意味の「hug」という単語に入れ替え、さらに「warm」（優しい）という形容詞も足して、

Mary gave Tom a warm hug.

としたらどうでしょう。「メアリーはトムのことを優しく抱きしめた」となり、見事、二人の喧嘩も納まりました。さらに「hug」というパーツを「kiss」というパーツに、また「warm」を「passionate」（情熱的な）という形容詞に入れ替えたら、

Mary gave Tom a passionate kiss.
（メアリーはトムに情熱的なキスをした）

となって、二人の関係はどうやらめでたく「雨降って地固まる」となったようです。ほらね？「メアリーはトムの顔をきつくにらみつけた」という英文の構成パーツをちょっと入れ替えただけで、たちまち「つねった」「引っぱたいた」「ハグした」「キスした」という4つの英文が言えるようになったでしょ？

　では、仲直りしたメアリーとトムのことは放っておいて、別な英文を使ってパーツ入れ替え遊びをしてみましょう。

　例えば、This road will take you to the park. という文。字義通りに言えば「この道があなたを公園に連れていく」ですが、要するに「この道を行けば公園に着く」ということですね。ではこの文を元にして「パーツ入れ替え」をしたら、どんなことが言えるようになるでしょうか。

　まずごく簡単なところから。「park」という単語を「station」とか「museum」という単語に入れ替えてみたらどうでしょうか？

This road will take you to the station.
この道を行けば駅に着きます。

This road will take you to the museum.
この道を行けば博物館に着きます。

　ちょっと簡単すぎましたね。では「This road」を「I」に入れ替え、行き先を「lunch」に変えたらどうなるでしょうか。

I will take you to lunch.
私はあなたをランチに連れていく＝お昼ご飯をご一緒しましょう。

　ほら、単なる道案内だったものが、昼食のお誘いになったでしょ。では次に「I」を「It」に、「you」を「me」に、「lunch」を「childhood」に変えてみます。

It takes me back to the childhood.
それが私を子供時代に連れ戻します＝それを見ると、子供時代のことが思い出されます。

　ランチのお誘いが、郷愁を誘う文になりました。では「It」を「He」に、「me」を「secrets」に、そして「childhood」を「grave」に入れ替えたらどうなるでしょう。

He took his secrets to the grave.
（彼は自分の秘密を墓場まで持って行った＝死ぬまで秘密を隠し通した）

「この道を行けば、公園に着きます」という最初の一文のパーツをどんどん交換していくことによって、最後は「死ぬまで秘密を隠し通した」というところまで行ってしまいました。つまり裏ワザ流英語というのは、「この文が英文として成立するなら、ここをこう変えればまた別の意味の英文として成立するはずだ」→「これが言えるなら、こうも言えるはずだ」という具合に、どんどん言えることが増えていく、そういう英語学習法なのです。

　さあ、もっともっと「パーツ入れ替え遊び」をしていきましょう。これは「遊び」ですから、気楽にやることが大切。子供時代に戻って、レゴ・ブロック遊びを楽しむつもりで、取り組んで下さい。
　大本になる英文は、日本人にはお馴染みの I have a pen. にしましょうか。
　実はこの英文、日本人が最初に習う英文として悪名が高く、中学校の英語の時間にペンを手に持ちながら I have a pen. と繰り返し言わされた苦い思い出を持っている日本人も多いはず。そしてその結果、日本人の多くは「have」という動詞を、「ペン」のように目で見え、手で触れることのできる「モノ」を「手に持つ」時だけに使う動詞、と信じるようになってしまいました。
　しかし、本書第4講で学んだように、英語という言語においては「抽象名詞」の活用が非常に重要です。ですから「have」という動詞を使う際も、モノを示す具象名詞だけでなく、抽象名詞を組み合わせる練習を積極的に行なった方がいい。
　そこでまず I have a pen. という文における「a pen」というパーツを、抽象名詞に置き換えてみましょう。

I have a pen.

pen → fever　　　　　　　　　I have a slight fever.（少し熱がある。）

fever → hangover　　　　　　I have a bad hangover today.
　　　　　　　　　　　　　　（今日はひどい二日酔いだ。）

hangover → appointment　　I have an appointment.
　　　　　　　　　　　　　　（[人と会う] 約束がある。）

appointment → belief　　　　I have a firm belief in God.
　　　　　　　　　　　　　　（神の存在を堅く信じている。）

belief → future	I have no future with this company. (この会社にいても出世できない。)
future → ups and downs	I had quite a few ups and downs. (私は浮き沈みの多い人生を送ってきた。)
ups and downs → date	I had my first date with her last night. (昨夜、彼女と初めてデートした。)

　どうですか？　「ペン」という具象名詞の代わりに様々な抽象名詞のパーツを投入するだけで、こんなことも言えちゃうんだ！と思いませんか？
　では次、目的語だけでなく主語の「I」も別な言葉に入れ替えてみましょう。

date → party	You can't have a barbeque party in this rain. (この雨じゃ BBQ パーティは無理だ。)
party → opinion	You have quite a high opinion of her, don't you? (君は彼女のことを高く評価しているんだろ？)
opinion → confidence	He should have more confidence in himself. (彼はもっと自信を持った方がいい。)
confidence → thirst	Even at that age, he has a deep thirst for knowledge. (老いてなお、彼には飽くなき知識欲がある。)
thirst → curiosity	She has a burning curiosity about the lives of others. (彼女は詮索好きだ。)
curiosity → check-up	She is now having an eye check-up. (彼女は今、目の検査をしている。)
check-up → situation	We have a situation. (ちょっとやばいことになってきた。)
situation → atmosphere	This inn has a family atmosphere. (この宿屋は、家庭的な雰囲気がある。)

いかがでしたか？　大本の I have a pen. という英文を構成する「I」や「a pen」といったパーツを別なパーツに入れ替えるだけで、これだけ多様なことが言えるようになってしまうということが実感いただけたでしょうか。

　一つの英文をマスターしたら、その英文のパーツを入れ替えることでまったく別な意味の英文に仕立て直すことができるし、それを繰り返しているうちに言える英文の数が飛躍的に増えていく——これこそが裏ワザ流英語術の大きなメリットなのです。

おわりに

　以上で、「裏ワザ流英語術」のいわば基礎編にあたる12講と応用編3講を終わります。そこで最後にもう一度だけ、裏ワザ流のコンセプトをまとめておきましょう。裏ワザ流のコンセプトとは……

✦1　名詞中心に発想していくこと。自分が言いたいことにまつわる名詞、あるいは文の中核をなす名詞をまず思い浮かべ、それを12個の基本動詞のどれかと組み合わせる形で英文の構築を心がけること。

✦2　空間の移動を伴う、あるいは空間上の位置関係を特定するような、「空間（移動）表現」に基づいた英文の構築を心がけること。

✦3　抽象名詞も、「モノ」を表す具象名詞と同じように扱うこと。

　……です。もう「耳タコ」ですよね！
　それでも、上記のコンセプトを忘れそうになった時のために、とっておきの例文があります。その例文とは、ずばり John is in love with Mary. です。

LOVE

John is in 　　　 with Mary.

（ジョンとメアリーは「愛」という場所に一緒に居る
＝ジョンはメアリーを愛している。）

本書でも既に一度出した例文ですが、この John is in love with Mary. という短い英文の中に、裏ワザ流英語術の3つのコンセプトが見事なまでに体現されています。(「『愛している』という動詞を使わず『愛』という名詞が使われていること」、「『in love』という部分に空間表現が使われていること」、「『愛』という抽象名詞があたかも具象名詞のように扱われていること」)。

　ですから、裏ワザ流英語術って何だっけ？と思ったら、すぐにこの例文を思い出して下さい。もちろん、「John」や「Mary」の部分を適当に変えても構いません。「John」を「I」に変え、「Mary」を……適当に、ね！

　いずれにせよ、英語という言語について詳しく知れば知るほど、日常的に頻繁に使われている英語表現の中に、裏ワザ流が生きていることに気付くと思います。例えば、What's up? How is your work coming along? You made a mistake at work? Don't be so hard on yourself. Take it easy. Your day will come. Keep in touch! Have a good day! などなど。よく考えれば、これらすべて「裏ワザ流」じゃないですか！

　ということは……

　そう、**裏ワザ流英語術というのは、実は単なるキャッチフレーズに過ぎず、本当はこれこそが「英語の王道」**なんです。

　そのことに気付いたあなた！　あなたはもう英語の本質をガッチリ掴んだも同然です。

　そして裏ワザ流の3つのコンセプトに基づき、本書で学んだ基本12動詞を活用しながら英文を作り、発話していけば、たとえそれが若干ぎこちない英語であったとしても、必ず通じるはずです。そして、**言葉というのは、要するに通じればいい**のです。ですから、大いに自信をもって、裏ワザ流英語術を使おうではありませんか！

練 習 問 題

A 以下の文中の空欄に適語を入れ、日本語の文と同じ意味になるよう、英文を完成させなさい。

1. クリスマスにケーキを作るつもりだ。

   I'll _____ a c_____ for Christmas.

2. 日本へ国際電話をかけたいのですが。

   I'd like to _____ an i_____ c_____ to Japan.

3. 彼は日曜日に釣りに行くことを息子と約束した。

   He _____ a p_____ to go fishing on Sunday with his son.

4. 彼らは消防車のために道を空けた。

   They _____ w_____ for the fire engine.

5. 彼が思いやりのある言葉をかけてくれたので、私はすっかり嬉しくなった。

   His kind words really _____ me h_____ .

B 以下の単語を make と組み合わせ、例文を作りなさい。

① note

_____

② reply

_____

③ sense

_____

④ run

_____

⑤ secretary

_____

Exercises

97

A 以下の文中の空欄に適語を入れ、日本語の文と同じ意味になるよう、英文を完成させなさい。

1. 彼は若い頃、苦労した。

   He _____ a h_____ t_____ when young.

2. この部屋から街がよく見える。

   This room _____ a fine v_____ of the city.

3. この薬は私には大いに効き目があった。

   This medicine _____ a good e_____ on me.

4. 法律が私の味方だ。

   I _____ the power of l_____ b_____ me.

5. あなたをびっくり仰天させるものを用意しているんです。

   I _____ a great s_____ in store for you.

B 以下の単語を have と組み合わせ、例文を作りなさい。

① fear/dogs

_____

② sense/direction

_____

③ ear/music

_____

④ difficulty/English

_____

⑤ reason/angry

_____

A 以下の文中の空欄に適語を入れ、日本語の文と同じ意味になるよう、英文を完成させなさい。

1. 彼はその経験からつらい教訓を得た。

   He _____ a painful l_____ f_____ the experience.

2. 彼女は少しずつ自信を取り戻しつつある。

   She is gradually _____ her self-confidence b_____ .

3. 飲酒運転なんかすると、まずいことになるぞ。

   Drinking and driving will _____ you i_____ big trouble.

4. 彼女は彼を本当に怒らせてしまった。

   She _____ him really m_____ .

5. 山中で道に迷ってしまった。

   We _____ (ourselves) l_____ in the mountains.

B 以下の単語を get と組み合わせ、例文を作りなさい。

① call/Tony

_____

② experience/the U.S.A.

_____

③ hips/jeans

_____

④ weight/down

_____

⑤ nose/broken

_____

Exercises

A 以下の文中の空欄に適語を入れ、日本語の文と同じ意味になるよう、英文を完成させなさい。

1. 彼女は彼にプレゼントをあげた。

   She _____ a g_____ to him.

2. 私はそれに最善の努力を傾けるつもりだ。

   I'll _____ it my b_____ e_____ .

3. この映画を見ると、本当の戦争がどういうものか、よく分かる。

   This movie _____ a c_____ i_____ of what war is really like.

4. 彼は彼女を駅まで乗せて行った。

   He _____ her a r_____ to the station.

5. 彼女はコップをよくすすいだ。

   She _____ the glass a g_____ r_____ .

B 以下の単語を give と組み合わせ、例文を作りなさい。

① **best regards**

_____

② **party/visitors**

_____

③ **attention/diet**

_____

④ **working too hard/heart attack**

_____

⑤ **baby/bath**

_____

A 以下の文中の空欄に適語を入れ、日本語の文と同じ意味になるよう、英文を完成させなさい。

1. お前の汚い靴をベッドの上に置くな！

   Don't _____ your dirty shoes o_____ the bed!

2. 記者は市長に対してぶしつけな質問をぶつけた。

   The reporter _____ an embarrassing q_____ to the mayor.

3. 君はその馬鹿げた癖をやめるべきだ。

   You should _____ an e_____ t_____ your foolish habit.

4. その議論はしばらく脇に置こう。

   Let's _____ the a_____ a_____ for a moment.

5. 私の立場にもなってみてくれ。

   _____ y_____ in my position.

B 以下の単語を put と組み合わせ、例文を作りなさい。

① sugar/tea

_____

② gun/ground

_____

③ energy/discussion

_____

④ me/troubles

_____

⑤ Haruki Murakami/favorite authors

_____

第6講 ✦ take

A 以下の文中の空欄に適語を入れ、日本語の文と同じ意味になるよう、英文を完成させなさい。

1. 彼女を映画に連れていくつもりです。

   I'm _____ her t_____ a movie.

2. 彼の優雅さは、母親似だ。

   He _____ his elegance f_____ his mother.

3. 一杯のコーヒーが、私の疲れを吹き飛ばした。

   A cup of coffee _____ my fatigue a_____ .

4. 職場には地下鉄で通っているのですか？

   Do you _____ the subway t_____ work?

5. 彼は今、ここに居ません。伝言を預かりましょうか？

   He's not here right now. Can I _____ a m_____ ?

B 以下の単語を take と組み合わせ、例文を作りなさい。

① book/library

---

② water/bottle

---

③ picture/school days

---

④ seat/next to

---

⑤ class/semester

A 以下の文中の空欄に適語を入れ、日本語の文と同じ意味になるよう、英文を完成させなさい。

1. コーヒー豆は冷暗な場所で保存しなさい。

   You must ＿＿＿＿＿ coffee i＿＿＿＿＿ a dark and cool place.

2. 彼のアドバイスを心に留めておくつもりだ。

   I will ＿＿＿＿＿ his advice i＿＿＿＿＿ m＿＿＿＿＿ .

3. 何か新しい展開があったら、その都度すぐに知らせてくれ。

   ＿＿＿＿＿ me i＿＿＿＿＿ t＿＿＿＿＿ with any fresh development.

4. 芝生に入らないこと。

   ＿＿＿＿＿ (yourself) o＿＿＿＿＿ the grass.

5. ストーブの火を絶やさないようにした。

   We ＿＿＿＿＿ the stove b＿＿＿＿＿ .

B 以下の単語を keep と組み合わせ、例文を作りなさい。

① money/safe place

＿＿＿＿＿＿＿＿＿＿＿＿＿＿＿＿＿＿＿＿＿＿＿＿＿＿＿＿

② daughter/public eyes

＿＿＿＿＿＿＿＿＿＿＿＿＿＿＿＿＿＿＿＿＿＿＿＿＿＿＿＿

③ jogging/shape

＿＿＿＿＿＿＿＿＿＿＿＿＿＿＿＿＿＿＿＿＿＿＿＿＿＿＿＿

④ gloves/warm

＿＿＿＿＿＿＿＿＿＿＿＿＿＿＿＿＿＿＿＿＿＿＿＿＿＿＿＿

⑤ voice/down

＿＿＿＿＿＿＿＿＿＿＿＿＿＿＿＿＿＿＿＿＿＿＿＿＿＿＿＿

Exercises

A 以下の文中の空欄に適語を入れ、日本語の文と同じ意味になるよう、英文を完成させなさい。

1. 私を通して下さい。

   Please _____ me b_____ .

2. 一口、味見させて！

   _____ me h_____ a taste!

3. ミスのないようにしなさい。

   _____ there b_____ no mistake.

4. 父が私に、父のクルマを運転させてくれた。

   Father _____ me d_____ his car.

5. もう一度、やらせて下さい。

   _____ me t_____ once more.

B 以下の単語を let と組み合わせ、例文を作りなさい。

① smoke/room

_____

② advice

_____

③ chance/go

_____

④ she/kiss

_____

⑤ show/how to

_____

第9講 ◆ do

A 以下の文中の空欄に適語を入れ、日本語の文と同じ意味になるよう、英文を完成させなさい。

1. 過度の運動は筋肉を痛める。

    Too much exercise will _____ d_____ to your muscles.

2. 先に宿題をやってしまいなさい。

    _____ your h_____ first.

3. 正しいことをするのがとても難しい時もある。

    It is sometimes very hard to _____ the right t_____ .

4. このプロジェクトの計画を練ったのは誰だ？

    Who _____ the p_____ for this project?

5. 彼は学生時代、少しばかり演劇をやっていた。

    He _____ some a_____ at school.

B 以下の単語を do と組み合わせ、例文を作りなさい。

① aerobics

_____

② dog/tricks

_____

③ research

_____

④ cooking

_____

⑤ drawing

_____

第10講 ✦ go

A 以下の文中の空欄に適語を入れ、日本語の文と同じ意味になるよう、英文を完成させなさい。

1. それはもはや洒落にならない。

   That has _____ b_____ a joke.

2. どうして教職に就いたのですか？

   Why did you _____ i_____ teaching?

3. 事態はますます悪くなる一方だった。

   Matters _____ f_____ bad t_____ worse.

4. 健全な精神は健全な身体に宿る。

   A healthy mind _____ w_____ a healthy body.

5. そのニュースを聞いて町は大騒ぎになった。

   The town _____ w_____ over the news.

B 以下の単語を go と組み合わせ、例文を作りなさい。

① stairs/basement

_____

② car/control

_____

③ tie/suit

_____

④ flu/school

_____

⑤ hair/grey

_____

A 以下の文中の空欄に適語を入れ、日本語の文と同じ意味になるよう、英文を完成させなさい。

1. 会議がようやく終わった。

   The meeting has finally _____ to an e_____ .

2. 「アルバイト」という言葉はドイツ語に由来する。

   The word 'arubaito' _____ f_____ German.

3. 君の順番は僕の後だよ。

   Your turn _____ a_____ mine.

4. 彼女は無事、手術を乗り切った。

   She _____ t_____ the operation quite well.

5. 遅かれ早かれ、真実は明らかになる。

   The truth always _____ o_____ sooner or later.

B 以下の単語を come と組み合わせ、例文を作りなさい。

① bus/stop

_____

② rumor/ears

_____

③ the Stone Age/the Iron Age

_____

④ dessert/dinner

_____

⑤ snow/knees

_____

A 以下の文中の空欄に適語を入れ、日本語の文と同じ意味になるよう、英文を完成させなさい。

1. 彼女は早起きだ。

   She _____ an e_____ r_____ .

2. 彼には「おだて」は通用しない。

   He _____ a_____ flattery.

3. 彼女は厳密な医学的監視の下に置かれている。

   She _____ u_____ strict medical care.

4. これらのスニーカーは今、売り出し中です。

   These sneakers _____ o_____ s_____ now.

5. あなたは命令を出す立場にはない。

   You _____ i_____ no position to give orders.

B 以下の単語を be と組み合わせ、例文を作りなさい。

① lover/books

_____

② car/condition

_____

③ dress/style

_____

④ IQ/average

_____

⑤ down/cold

_____

Exercises

応用編（1）

A 以下の日本文の動詞（下線を引いた部分）に気を取られることなく、その文中で一番重要な名詞（二重下線を引いた部分）に着目しながら、裏ワザ流で英語に直しなさい。

1. この手紙には切手が貼ってない。

This letter _____ no _____ on it.

2. お名前と住所を教えてください。

_____ me your _____ and _____ .

3. 彼はシェーヴィング・クリームを顔に塗った。

He _____ _____ _____ over his face.

4. 私は大金を銀行に預けてある。

I _____ a lot of _____ in the bank.

5. 月が雲に隠れた。

The _____ _____ behind the clouds.

B 日本語の動詞を思いついたら、その動詞の名詞形は何か？と考え、その名詞形の方を活用して、裏ワザ流で英語に直しなさい。

6. 彼女はカナダに行く決心をした。（決心する＝ decide → 決心＝？）

She _____ a _____ to go to Canada.

7. 男同士、腹を割って話そう。（話す＝ talk → 会話＝？）

Let's _____ a man-to-man _____ .

8. こんなバカげたこと、私が止めさせる。（止めさせる＝ stop → 停止＝？）

I'm going to _____ a _____ to this nonsense.

9. 君にいくつか忠告しよう。（忠告する＝ advise → 忠告＝？）

Let me _____ you some _____ .

10. どのくらい待たなければなりませんか？（待つ＝ wait → 待ち時間＝？）

How long is the _____ ?

Exercises

応用編（2）

以下の日本文を、その状況を表した絵を参考にしながら裏ワザ流で英語に直しなさい。

1. 彼には9人の部下がいる。

He _____ nine persons _____ him.

2. 私は自分の考えを上司に伝えた。

I _____ my idea _____ to the boss.

3. 彼女はそんな考えは忘れようとしている。

She is _____ such thoughts _____ _____ her mind.

4. 君の傘に入れてくれる？

_____ me _____ under your umbrella.

5. 人は誰でもいつかは死ぬんだ。

_____ _____ to every one of us some day.

以下に示す例文のパーツを入れ替えることで、各問の日本文と同じ意味になるよう、英文を完成させなさい。

例文：彼女はよくコンサートに行きます。
She often goes to concert.

1. 彼女はいつも大学のカフェテリアに行きます。

   _____ usually goes to the university c_____ .

2. オリヴァーは毎晩、塾に通っています。

   _____ goes to a c_____ s_____ every night.

3. 第１位は……ジェームズです！

   The first p_____ goes t_____ ... James!

4. テムズ川は北海にそそぐ。

   The _____ goes to the N_____ S_____ .

5. 心から同情しますよ、紀美子さん。

   My h_____ goes out t_____ you, Kimiko.

6. 詳細に入ろう。

   Let's _____ into the d_____ .

7. 君の息子さんは出世しているね！

   Your s_____ is really going u_____ in the world!

8. 名声を求める者もあれば富を求める者もある。

   Some people _____ a_____ fame, some a_____ wealth.

9. 私は多くの苦難を経験してきた。

   _____ have gone t_____ many hardships.

10. 我々は時勢に順応しなくてはならない。

   _____ must go w_____ the times.

練 習 問 題　解答

第1講　make ⋯→ 問題 p. 97

A

1. I'll **make** a **cake** for Christmas.
2. I'd like to **make** an **international** **call** to Japan.
3. He **made** a **promise** to go fishing on Sunday with his son.
4. They **made** **way** for the fire engine.
5. His kind words really **made** me **happy**.

B

① He made a note on the paper.
② He made no reply to my request.
③ That didn't make any sense to me.
④ She made a sudden run for the door.
⑤ She made him her secretary.

第2講　have ⋯→ 問題 p. 98

A

1. He **had** a **hard** **time** when young.
2. This room **has** a fine **view** of the city.
3. This medicine **had** a good **effect** on me.
4. I **have** the power of **law** **behind** me.
5. I **have** a great **surprise** in store for you.

B

① I have a fear of dogs.
② I have no sense of direction.
③ She has an ear for music.
④ I didn't have no difficulty in learning English.

Answers

⑤ He has every reason to get angry.

第 3 講 get … 問題 p. 99

A

1. He **got** a painful **lesson from** the experience.
2. She is gradually **getting** her self-confidence **back**.
3. Drinking and driving will **get** you **into** big trouble.
4. She **got** him really **mad**.
5. We **got** (ourselves) **lost** in the mountains.

B

① I got a call from Tony this morning.
② He will get a new experience in the U.S.A.
③ I can't get my hips into these jeans.
④ I got my weight down to 50 kilos.
⑤ He got his nose broken while boxing.

第 4 講 give … 問題 p. 100

A

1. She **gave** a **gift** to him.
2. I'll **give** it my **best effort**.
3. This movie **gives** a **clear idea** of what war is really like.
4. He **gave** her a **ride** to the station.
5. She **gave** the glass a **good rinse**.

B

① Please give my best regards to your father.
② We gave a party for the visitors from France.
③ You should give special attention to your diet.
④ Working too hard gave him a heart attack.

⑤ He gave the baby a bath.

第5講 put ⋯ 問題 p. 101

A

1. Don't **put** your dirty shoes **on** the bed!
2. The reporter **put** an embarrassing **question** to the mayor.
3. You should **put** an **end to** your foolish habit.
4. Let's **put** the **argument aside** for a moment.
5. **Put yourself** in my position.

B

① Do you put sugar in your tea?
② Put the gun down on the ground.
③ She didn't put much energy into discussion.
④ He put me through a lot of troubles.
⑤ I put Haruki Murakami among my favorite authors.

第6講 take ⋯ 問題 p. 102

A

1. I'm **taking** her **to** a movie.
2. He **took** his elegance **from** his mother.
3. A cup of coffee **took** my fatigue **away**.
4. Do you **take** the subway **to** work?
5. He's not here right now. Can I **take** a **message**?

B

① I have to take these books to the library.
② He took a mouthful of water from the bottle.
③ The picture takes me back to my happy school days.
④ She took the seat next to me.

⑤ What classes are you taking next semester?

第 7 講　keep ⋯ 問題 p. 103

A

1. You must **keep** coffee **in** a dark and cool place.
2. I will **keep** his advice **in mind**.
3. **Keep** me **in touch** with any fresh development.
4. **Keep** (yourself) **off** the grass.
5. We **kept** the stove **burning**.

B

① Keep the money in a safe place.
② He has kept his daughter out of the public eyes.
③ Jogging keeps me in good shape.
④ These gloves will keep your hands warm.
⑤ Keep your voice down!

第 8 講　let ⋯ 問題 p. 104

A

1. Please **let** me **by**.
2. **Let** me **have** a taste!
3. **Let** there **be** no mistake.
4. Father **let** me **drive** his car.
5. **Let** me **try** once more.

B

① He let the smoke out of the room.
② Let me give you a piece of advice.
③ Don't let this chance go.
④ She wouldn't let me kiss her.

⑤ Let me show you how to do it.

第 9 講　do ⋯→ 問題 p. 105

A

1. Too much exercise will **do damage** to your muscles.
2. **Do** your **homework** first.
3. It is sometimes very hard to **do** the right **thing**.
4. Who **did** the **planning** for this project?
5. He **did** some **acting** at school.

B

① Do you do aerobics?
② Our dog can do various tricks.
③ Several scientists are doing research on the problem.
④ She seldom does the cooking.
⑤ A famous artist did the drawing.

第 10 講　go ⋯→ 問題 p. 106

A

1. That has **gone beyond** a joke.
2. Why did you **go into** teaching?
3. Matters **went from** bad **to** worse.
4. A healthy mind **goes with** a healthy body.
5. The town **went wild** over the news.

B

① The stairs go to the basement.
② The car went out of control.
③ That tie doesn't go with this suit.
④ Flu went through the whole school.

Answers

⑤ His hair is going grey.

第 11 講 come ⋯→ 問題 p. 107

A

1. The meeting has finally **come** to an **end**.
2. The word 'arubaito' **comes from** German.
3. Your turn **comes after** mine.
4. She **came through** the operation quite well.
5. The truth always **comes out** sooner or later.

B

① The bus came to a sudden stop.
② A strange rumor came to my ears.
③ The Stone Age came before the Iron Age.
④ Does dessert come with this dinner?
⑤ The snow came up to my knees.

第 12 講 be ⋯→ 問題 p. 108

A

1. She **is** an **early riser**.
2. He **is above** flattery.
3. She **is under** strict medical care.
4. These sneakers **are on sale** now.
5. You **are in** no position to give orders.

B

① She is a great lover of books.
② My car is in bad condition.
③ The dress is out of style.
④ Her IQ is above average.

⑤ He is down with a cold.

応用編（1） ⋯⋯ 問題 p. 109

A

1. This letter **has** no **stamp** on it.
2. **Give** me your **name** and **address**.
3. He **put shaving cream** over his face.
4. I **keep** a lot of **money** in the bank.
5. The **moon went** behind the clouds.

B

6. She **made** a **decision** to go to Canada.
7. Let's **have** a man-to-man **talk**.
8. I'm going to **put** a **stop** to this nonsense.
9. Let me **give** you some **advice**.
10. How long is the **wait**?

応用編（2） ⋯⋯ 問題 p. 110

1. He **has** nine persons **under** him.
2. I **got** my idea **across** to the boss.
3. She is **putting** such thoughts **out of** her mind.
4. **Let** me **in** under your umbrella.
5. **Death comes** to every one of us some day.

応用編（3） ⋯⋯ 問題 p. 112

1. **She** usually goes to the university **cafeteria**.
2. **Oliver** goes to a **cram school** every night.
3. The first **prize** goes **to** ... James!
4. The **Thames** goes to the **North Sea**.
5. My **heart** goes out **to** you, Kimiko.

6. Let's **go** into the **details**.
7. Your **son** is really going **up** in the world!
8. Some people **go after** fame, some **after** wealth.
9. **I** have gone **through** many hardships.
10. **We** must go **with** the times.

✦参考文献✦

安藤貞雄『現代英文法講義』開拓社（2005）

石黒明博（監修）『総合英語 Forest（フォレスト）[7th Edition]』桐原書店（2014）

大西泰斗・マクベイ、ポール『一億人の英文法』東進ブックス（2011）

柏野健次・内木場努『コーパス英文法』開拓社（1991）

久野暲・高見健一『謎解きの英文法──動詞』くろしお出版（2017）

小池直己『朝の通勤時間で覚えるたった 50 単語の英会話イディオム 1000』講談社α文庫（2003）

後藤 寛『850 語で考える英語──ベーシック・イングリッシュ』松柏社（1997）

───．『道具としてのベーシック英語教本──850 語の考え方と使い方』松柏社（1999）

───．『書き・話す英語のキーワード 850──基本語彙の使い方演習』松柏社（2002）

竹林 滋『英語音声学』研究社（1996）

中野清治『英語仮定法を洗い直す』開拓社（2016）

牧 雅夫『自信をもって英作文を教える──Basic English のすすめ』北星堂（1980）

───．『自分で使える英語──ベーシック・イングリッシュ』北星堂（1984）

───．『12 の動詞で話す英語・書く英語』(1987)

ミントン、T. D.（安武内ひろし訳）『ここがおかしい日本人の英文法』研究社（1999）

室 勝『500 語の英会話──BASIC ENGLISH の活用〈1〉』洋販出版（1991）

───．『500 語の英会話──BASIC ENGLISH の活用〈2〉』洋販出版（1991）

───．『基礎単語 100 の表現──ベーシック・イングリッシュの活用』洋販出版（1991/10）

吉川洋・友繁義典『[入門講座] 英語の意味とニュアンス』大修館書店（2008）

A Group of Basic English Teachers『ベーシック先生の基本動詞でこれだけ言える英語術』松柏社（1993）

Huddleston, R. and G. K. Pullum, *The Cambridge Grammar of the English Language*. Cambridge University Press (2002)

Leech, G. *Meaning and the English Verb*. 3rd ed. Person Education Limited (2004)

Ogden, C. K. *Basic By Examples*．北星堂書店（1985）

_____．*Basic Step By Step*．北星堂書店（1985）

_____．*The General Basic English Dictionary*．北星堂書店（1992）

Swan, M. *Practical English Usage*. 3rd ed. Oxford University Press (2005)

Yule, G. *Explaining English Grammar*. Oxford University Press (1998)

[辞書]

市川繁治郎（編集代表）『新編 英和活用大辞典』研究社（1995）

田中茂範・武田修一・川出才紀編『E ゲイト英和辞典』ベネッセ（2003）

Collins COBUILD Lingea Lexicon (ver.3.1)

Daniels, F. J. *Basic English Writers' Japanese-English Wordbook*. 北星堂書店（1972）

Ogden, C. K. *The Basic Dictionary*．北星堂書店（1997）

著者略歴

尾崎俊介　Ozaki Shunsuke

1963 年、神奈川県生まれ。愛知教育大学教授。慶應義塾大学大学院文学研究科英米文学専攻後期博士課程単位取得。専門はアメリカ文学・アメリカ文化。著書に『ハーレクイン・ロマンス──恋愛小説から読むアメリカ』(平凡社新書)、『Ｓ先生のこと』(新宿書房、第 61 回日本エッセイスト・クラブ賞受賞)、『ホールデンの肖像──ペーパーバックからみるアメリカの読書文化』(新宿書房)、『紙表紙の誘惑──アメリカン・ペーパーバック・ラビリンス』(研究社) など。

小泉直　Koizumi Naoshi

1956 年、静岡県生まれ。愛知教育大学特別教授。筑波大学大学院博士過程文芸・言語研究科言語学専攻単位取得退学。専門は英語学 (統語論・意味論)。著書に『ことばとコミュニケーションのフォーラム』(共編著、開拓社)、『形と意味のインターフェイス』(共著、くろしお出版)、『ユースプログレッシブ英和辞典』(分担執筆、小学館)、『ことばの意味から文の姿を探る─英語語彙意味論の演習』(分担執筆、英宝社)、『現代英文法辞典』(分担執筆、三省堂) など。

基本 12 動詞で何でも言える
裏ワザ流英語術

2021 年 1 月 30 日　初版第 1 刷発行

著者―――――尾崎俊介／小泉 直

発行者―――――森 信久
発行所―――――株式会社　松柏社

〒 102-0072　東京都千代田区飯田橋 1-6-1
Tel.　03 (3230) 4813
Fax. 03 (3230) 4857

印刷・製本――シナノ書籍印刷株式会社

装幀―――――小島トシノブ（NonDesign）

挿絵―――――うえむらのぶこ